Cómo ser influencer, monetizar y no morir en el intento
(portadilla del libro)

Cómo ser influencer, monetizar y no morir en el intento
(portada del libro)

Bruce Dalton

ISBN-13: [número de ISBN]

Impreso por [nombre de la imprenta]

Dedicatoria
A mi amada Miroslava: Sin ti no hay luz, no hay nada.

Tabla de contenido

Capítulo 1 Cómo mejorar tu presencia en las redes sociales 13

Capítulo 2 Cómo ser un Influencer exitoso en redes sociales 51

Capítulo 3 Cómo ganar dinero en cualquier red social 57

Capítulo 4 Cómo crear un podcast exitoso 77

Capítulo 5 Marketing, e-commerce y agencias de publicidad 93

Capítulo especial: Uso de redes sociales para campañas políticas 111

Epílogo Navegando el mar de las redes sociales 131

Sobre el autor 133

Agradecimientos 135

Capítulo 1

Cómo mejorar tu presencia en redes sociales

Linkedin - Tu carta de presentación profesional.

LinkedIn es la plataforma líder para construir una presencia profesional en línea. A continuación, profundizaremos en la importancia de cada elemento clave en tu perfil de LinkedIn y cómo optimizarlos:

Fotografía de Perfil Profesional: La fotografía de perfil en LinkedIn es tu primera impresión. Una imagen profesional inspira confianza y credibilidad. Un ejemplo podría ser una fotografía donde estés vestido adecuadamente para tu industria, con una sonrisa amigable y fondo neutral. Evita selfies o fotos informales. Para SEO, asegúrate de nombrar tu imagen con tu nombre, por ejemplo, "nombre_apellido_linkedin.jpg".

Banner (Foto de Portada): El banner es tu oportunidad de destacarte. Utiliza una imagen relevante para tu industria, como una imagen de tu lugar de trabajo o un proyecto en el que hayas trabajado. Por ejemplo, si eres un arquitecto, puedes mostrar una foto de un edificio emblemático que hayas diseñado. Asegúrate de que el banner sea atractivo y esté relacionado con tu profesión.

Información Relevante: Completa tu perfil con información relevante. Agrega tu experiencia laboral, educación, habilidades y logros. Sé específico y usa palabras clave relacionadas con tu campo. Por ejemplo, si eres un especialista en marketing digital, enumera las estrategias específicas que dominas, como SEO, SEM y marketing de contenidos.

Palabras Clave de SEO para LinkedIn: Las palabras clave son fundamentales para destacar en las búsquedas de LinkedIn. Por ejemplo, si eres un desarrollador de software, incluye palabras clave como "desarrollo de software", "programación", "Java" y "Python". También puedes mencionar tus certificaciones específicas si las tienes, como "Certificado en Seguridad Cibernética".

Creciendo tu Red de Contactos en LinkedIn

Construir una red sólida en LinkedIn es esencial para aprovechar al máximo la plataforma. Aquí hay algunas técnicas profesionales para expandir tu red:

Conexiones Estratégicas: Conéctate con personas que tengan intereses profesionales similares o trabajen en tu industria. Personaliza las invitaciones de conexión para explicar por qué te gustaría conectar. Por ejemplo, "Hola [Nombre], soy [Tu Nombre] y noté que compartimos intereses en [Industria]. Me gustaría conectar contigo para aprender más y posiblemente colaborar en el futuro".

Participación en Grupos: Únete a grupos relevantes en LinkedIn y participa activamente en las discusiones. Esto te permite conectarte con profesionales afines y aumentar tu visibilidad. Por ejemplo, si eres un experto en recursos humanos, únete a grupos de RH y contribuye con consejos y opiniones en las conversaciones.

Publicando Contenido en LinkedIn

LinkedIn ofrece varias formas de compartir contenido, incluyendo publicaciones de texto, imágenes, videos y documentos. Aquí está la diferencia entre un video y un post con imagen:

Publicaciones con Imágenes: Las publicaciones con imágenes son efectivas para mostrar imágenes de proyectos, infografías o gráficos que ilustren tus logros. Acompáñalas con una descripción detallada. Por ejemplo, si eres un chef, puedes publicar una foto de tu platillo más reciente y compartir la receta en el texto de la publicación.

Videos: Los videos permiten una comunicación más dinámica. Puedes compartir tu experiencia, consejos o historias de éxito. Asegúrate de que los videos sean breves y al punto. Por ejemplo, si eres un consultor de negocios, puedes crear un video de dos minutos compartiendo consejos sobre estrategia empresarial.

Oportunidades Laborales y Venta de Productos en LinkedIn

LinkedIn es un lugar ideal para buscar oportunidades laborales y promover productos o servicios:

Oportunidades Laborales: Para buscar oportunidades laborales, asegúrate de tener un perfil completo y actualizado. Utiliza la función de búsqueda de empleo de LinkedIn para encontrar oportunidades que coincidan con tu experiencia y objetivos. Además, sigue empresas y participa en grupos de la industria para mantenerte al tanto de las oportunidades.

Venta de Productos o Servicios: Si deseas vender productos o servicios en LinkedIn, crea un perfil de empresa y comparte contenido relevante sobre tus ofertas. Utiliza la publicidad de LinkedIn para llegar a tu audiencia objetivo. Por ejemplo, si vendes software de gestión empresarial, puedes promocionar tu producto a través de publicaciones patrocinadas dirigidas a profesionales de la gestión.

Monetización en Linkedin.

LinkedIn ofrece varias formas de monetización:

LinkedIn Premium: Puedes suscribirte a una cuenta Premium de LinkedIn para acceder a funciones adicionales, como ver quién ha visto tu perfil y recibir recomendaciones de trabajo específicas para ti.

Publicidad en LinkedIn: Las empresas pueden utilizar LinkedIn Ads para promocionar productos o servicios a una audiencia específica. Si tienes una empresa, considera utilizar LinkedIn Ads para llegar a profesionales relevantes.

Venta de Contenido o Servicios: Si eres un experto en tu campo, puedes vender contenido o servicios a través de LinkedIn. Esto puede incluir la venta de cursos en línea, servicios de consultoría o productos relacionados con tu industria.

Anécdota Interesante: Richard Branson, fundador de Virgin Group. Branson ha utilizado LinkedIn para compartir su experiencia empresarial, consejos y pensamientos sobre el liderazgo. A través de sus publicaciones, ha construido una comunidad activa de seguidores y ha establecido su presencia como líder en el mundo de los negocios. Su enfoque auténtico y sus historias de éxito son un ejemplo inspirador de cómo aprovechar LinkedIn para construir una marca personal poderosa.

Instagram - Compartiendo Tu Creatividad

Instagram es una plataforma visual que te permite compartir tu creatividad y conectar con una audiencia apasionada. A continuación, profundizaremos en cómo optimizar tu presencia en Instagram:

Fotografía de Perfil Profesional: La fotografía de perfil en Instagram debe ser representativa de tu personalidad o marca. Usa una foto que refleje quién eres o lo que representas. Por ejemplo, si eres un chef, puedes usar una foto tuya en la cocina o con un plato elaborado que hayas creado.

Bio y Descripción: La biografía de Instagram es tu espacio para describirte de manera concisa. Utiliza palabras clave relacionadas con tu nicho o intereses. Por ejemplo, si eres un fotógrafo de naturaleza, puedes escribir "Explorador de la naturaleza y amante de la fotografía" en tu biografía.

Palabras Clave de SEO para Instagram: Las palabras clave en tu bio y descripción de Instagram pueden ayudar a las personas a encontrarte. Por ejemplo, si eres un entrenador de fitness, incluye palabras clave como "entrenador personal", "salud" y "nutrición".

Publicando Contenido en Instagram

Instagram es una plataforma visual, por lo que es importante publicar contenido atractivo y de alta calidad. Aquí están algunos consejos para tus publicaciones:

Imágenes Impactantes: Las imágenes de alta calidad son esenciales en Instagram. Utiliza fotos que muestren tus pasiones, logros o productos. Por ejemplo, si eres un diseñador gráfico, puedes compartir tus diseños más recientes o trabajos destacados.

Historias y Destacados: Las historias de Instagram son efímeras y son ideales para compartir momentos cotidianos o actualizaciones temporales. Los destacados permiten organizar y resaltar contenido importante. Por ejemplo, si eres un viajero, puedes crear destacados para diferentes destinos que hayas visitado.

Uso Estratégico de Hashtags: Los hashtags son clave en Instagram para aumentar la visibilidad. Utiliza hashtags relevantes en tus publicaciones. Si eres un amante de la moda, puedes usar hashtags como #ModaUrbana, #EstiloPersonal y #TendenciasDeLaModa.

Diferencia entre Videos e Imágenes

Los videos en Instagram permiten una comunicación más dinámica y pueden durar hasta 60 segundos. Son ideales para mostrar tutoriales, demostraciones de productos o contar historias. Por ejemplo, si eres un chef, puedes crear videos cortos de recetas o mostrar el proceso de preparación de un plato.

Las imágenes, por otro lado, son estáticas, pero aún pueden transmitir historias y mensajes poderosos. Utilízalas para mostrar tu trabajo finalizado, productos terminados o momentos especiales. Por ejemplo, si eres un artista, puedes publicar imágenes de tus obras de arte finalizadas o en proceso.

Estadísticas y Analíticas de Instagram

Instagram ofrece herramientas de analítica que te ayudan a comprender el rendimiento de tus publicaciones. Puedes ver métricas como el alcance, las impresiones y la interacción. Utiliza estas estadísticas para ajustar tu estrategia y publicar contenido que resuene con tu audiencia.

Oportunidades Laborales y Venta de Productos en Instagram: Instagram también puede ser una plataforma para buscar oportunidades laborales o promover productos y servicios. Si buscas oportunidades laborales a través de Instagram, asegúrate de que tu perfil refleje tu experiencia y habilidades. Participa en conversaciones relevantes en tu industria y sigue a empresas que te interesen.

Venta de Productos o Servicios: Si deseas vender productos o servicios en Instagram, considera utilizar la función de Instagram Shopping para etiquetar productos en tus publicaciones. También puedes promover tus ofertas a través de anuncios pagados en la plataforma.

Monetizar en Instagram: Estrategias y Consejos

Instagram es una plataforma de redes sociales que ofrece diversas oportunidades para monetizar tu presencia. Ya sea que seas un influencer, un emprendedor o un profesional, aquí te presento algunas estrategias y consejos para monetizar en Instagram:

Influencer Marketing: El influencer marketing es una de las formas más populares de monetización en Instagram. Si tienes una base de seguidores sólida y comprometida, las marcas pueden pagarte por promocionar sus productos o servicios en tus publicaciones.

Aquí hay algunas pautas clave:

• **Identifica tu nicho:** Enfócate en un nicho específico en el que tengas experiencia o interés. Esto atraerá a marcas que buscan llegar a un público específico.

• **Crea contenido auténtico:** Las marcas buscan colaboradores que puedan integrar sus productos de manera auténtica en su contenido. Evita el exceso de promoción y mantén la autenticidad.

Negocia tarifas justas: Investiga las tarifas típicas para colaboraciones en tu nicho y negocia tarifas justas con las marcas. No subvalores tu trabajo.

Venta de Productos o Servicios: Si tienes tu propio negocio o eres un emprendedor, Instagram puede ser una plataforma efectiva para vender productos o servicios. Aquí hay algunas estrategias:

Cuenta de negocios: Convierte tu perfil en una cuenta de negocio para acceder a funciones como botones de contacto y estadísticas.

Tienda en Instagram: Si tienes una tienda en línea, utiliza la función de Tienda en Instagram para etiquetar tus productos en publicaciones y facilitar la compra directa.

Publicidad: Utiliza anuncios de Instagram para llegar a una audiencia más amplia y específica. Segmenta tus anuncios según el público que deseas alcanzar.

Creación de Contenido Patrocinado: Además de las colaboraciones de influencer marketing, puedes crear contenido patrocinado en tu propio perfil. Por ejemplo, puedes escribir reseñas de productos o crear tutoriales relacionados con una marca específica y cobrar por ello.

Venta de Contenido Exclusivo: Si eres un creador de contenido en áreas como el arte, la música o la escritura, puedes vender contenido exclusivo a tus seguidores a través de servicios como Patreon. Ofrece contenido premium a quienes estén dispuestos a pagar una tarifa mensual.

Ofrecer Servicios Profesionales: Si eres un profesional en campos como la fotografía, el diseño gráfico, la consultoría, la escritura o cualquier otro, puedes utilizar Instagram para promocionar tus servicios y atraer clientes potenciales. Publica ejemplos de tu trabajo y muestra tus habilidades.

Colaboraciones con Otras Cuentas: Colabora con otras cuentas de Instagram que tengan un público similar al tuyo. Esto puede incluir eventos conjuntos, sorteos o promociones cruzadas para aumentar la visibilidad y el alcance de ambos.

Venta de Fotografías o Arte: Si eres un fotógrafo o un artista visual, puedes vender tus obras o fotografías directamente a través de

Instagram o utilizar la plataforma para dirigir a los clientes a tu tienda en línea.

Recuerda que la clave para tener éxito en la monetización de Instagram es construir una audiencia auténtica y comprometida. Mantén la coherencia en tu contenido, interactúa con tus seguidores y busca oportunidades que se alineen con tus intereses y valores. Monetizar en Instagram puede llevar tiempo y esfuerzo, pero con la estrategia adecuada, puedes convertir tu presencia en una fuente de ingresos sólida.

Anécdota Interesante: NatGeo (National Geographic), utiliza Instagram para compartir imágenes impactantes de la naturaleza y la ciencia, conectando con una audiencia global apasionada por la exploración y la conservación.

Facebook - Construyendo Conexiones Personales

Facebook es una plataforma versátil que te permite mantener conexiones personales y profesionales. A continuación, profundizaremos en cómo optimizar tu presencia en Facebook:

Fotografía de Perfil Profesional: Aunque Facebook es una plataforma personal, tu fotografía de perfil aún debe ser respetable. Utiliza una foto actual y apropiada para una plataforma de redes sociales. Evita imágenes demasiado informales o controversiales. Si eres un empresario, considera utilizar una foto en la que estés en un evento relacionado con tu industria o en un contexto profesional.

Configuración de Privacidad: Configurar adecuadamente la privacidad en Facebook es esencial. Asegúrate de revisar y ajustar la configuración de privacidad de tu perfil según tus preferencias. Controla quién puede ver tus publicaciones y quién puede agregarte como amigo. Si deseas mantener una separación más estricta entre tu vida personal y profesional, configura tus publicaciones para que solo las vean amigos cercanos y utiliza listas de amigos para gestionar tu audiencia.

Mantén un Equilibrio: Facebook es principalmente una plataforma personal, pero aún así, es importante mantener un equilibrio entre compartir momentos personales y publicar contenido que pueda ser relevante para tus contactos profesionales. Evita publicar contenido polémico o controvertido que pueda afectar tu imagen profesional. Por ejemplo, si eres un experto en marketing, puedes compartir artículos relacionados con las tendencias de marketing o tu asistencia a conferencias de marketing sin entrar en debates políticos o temas sensibles.

Publicando Contenido en Facebook

Facebook te brinda la oportunidad de compartir una variedad de contenido, desde texto hasta imágenes y videos. Aquí están algunos consejos para tus publicaciones:

Publicaciones de Texto: Las publicaciones de texto son efectivas para compartir pensamientos, actualizaciones o preguntas. Utiliza este formato para interactuar con amigos y contactos profesionales. Por ejemplo, si eres un consultor de negocios, puedes publicar una pregunta relacionada con la gestión empresarial y fomentar la discusión.

Imágenes: Las imágenes son una parte fundamental de Facebook. Comparte fotos que representen momentos significativos en tu vida personal o profesional. Por ejemplo, si eres un fotógrafo, comparte imágenes de tus sesiones de fotos más recientes o proyectos destacados.

Videos: Los videos en Facebook son altamente efectivos para contar historias o transmitir mensajes. Puedes utilizar Facebook Live para interactuar en tiempo real con tu audiencia. Por ejemplo, si eres un chef, puedes hacer transmisiones en vivo de tus clases de cocina o demostraciones culinarias.

Interacción y Grupos: Participa en grupos relevantes en Facebook relacionados con tus intereses personales o profesionales. Contribuir a conversaciones y compartir tus conocimientos puede ayudarte a conectarte con personas afines y aumentar tu visibilidad. Por ejemplo, si eres un escritor, únete a grupos de escritura y comparte consejos sobre la escritura creativa.

Oportunidades Laborales y Redes Profesionales: Aunque Facebook es principalmente una plataforma personal, aún puedes aprovecharla para oportunidades laborales y establecer conexiones profesionales. Mantén tu perfil actualizado con detalles sobre tu experiencia y habilidades. Participa en grupos y eventos relacionados con tu industria para conocer a profesionales que puedan ser valiosos para tu carrera.

Venta de Productos o Servicios: Si deseas vender productos o servicios a través de Facebook, considera crear una página de Facebook para tu negocio. Publica contenido relevante sobre tus ofertas y utiliza la función de tienda de Facebook para mostrar productos y facilitar las compras en línea.

Monetizar en Facebook: Estrategias y Consejos

Facebook es una de las redes sociales más grandes y versátiles, lo que ofrece varias oportunidades para monetizar tu presencia en la plataforma. Aquí te presento algunas estrategias y consejos para monetizar en Facebook:

Creación de Contenido Patrocinado: Una de las formas más comunes de monetización en Facebook es a través de la creación de contenido patrocinado. Las marcas pagan a los creadores de contenido para que promocionen sus productos o servicios en publicaciones orgánicas o publicaciones publicitarias. Aquí hay algunos pasos clave:

Identifica tu nicho: Enfócate en un nicho específico en el que tengas experiencia o interés. Las marcas buscan colaboradores que puedan llegar a su público objetivo.

Negocia contratos: A medida que tu audiencia crezca, puedes negociar contratos con marcas y agencias. Asegúrate de comprender los detalles del acuerdo, como los plazos y las tarifas.

Mantén la autenticidad: La autenticidad es clave en la creación de contenido patrocinado. Asegúrate de que las colaboraciones se integren de manera natural en tu contenido para mantener la confianza de tu audiencia.

Venta de Productos o Servicios: Si tienes tu propio negocio o eres un emprendedor, puedes utilizar Facebook para vender productos o servicios.

Algunas estrategias efectivas incluyen:

• **Cuenta de empresa:** Convierte tu perfil de Facebook en una página de empresa para acceder a herramientas adicionales y estadísticas.

• **Tienda en Facebook:** Utiliza la función de Tienda de Facebook para mostrar y vender tus productos directamente desde tu página.

• **Publicidad en Facebook:** Utiliza anuncios pagados en Facebook para llegar a una audiencia más amplia y específica. Segmenta tus anuncios según el público que deseas alcanzar.

Cursos y Contenido Educativo: Si tienes conocimientos especializados en un área particular, considera la creación y venta de cursos en línea a través de Facebook o enlaces a tu plataforma de enseñanza en línea. Anuncia tus cursos a tu audiencia y ofrece contenido gratuito para demostrar tu experiencia.

Contenido Premium o Suscripciones: Si produces contenido exclusivo, como noticias, consejos o entretenimiento, puedes monetizarlo ofreciendo suscripciones o contenido premium a tus seguidores. Utiliza herramientas de monetización como las suscripciones de Facebook para ofrecer contenido exclusivo a cambio de un pago mensual.

Marketing de Afiliados: El marketing de afiliados implica promocionar productos o servicios de otras empresas y ganar comisiones por cada venta generada a través de tus enlaces de afiliado. Encuentra programas de afiliados que se relacionen con tu nicho y promociona productos relevantes a tu audiencia.

Grupos de Compra y Venta: Si tienes artículos usados o productos para vender, únete a grupos de compra y venta locales en Facebook. Puedes vender artículos directamente a otros miembros de la comunidad.

Eventos y Seminarios Web: Organiza eventos en línea o seminarios web y cobra una tarifa de inscripción. Esto es efectivo si tienes experiencia en un campo específico y puedes ofrecer conocimientos valiosos a tu audiencia.

Donaciones y Crowdfunding: Facebook permite a los creadores de contenido recibir donaciones directamente a través de sus páginas.

También puedes utilizar plataformas de crowdfunding vinculadas a tu contenido para obtener apoyo financiero de tus seguidores.

Recuerda que la construcción de una audiencia auténtica y comprometida es esencial para el éxito en la monetización de Facebook. Mantén la coherencia en tu contenido, interactúa con tus seguidores y busca oportunidades que se alineen con tus intereses y valores. La monetización en Facebook puede requerir tiempo y esfuerzo, pero con la estrategia adecuada, puedes convertir tu presencia en una fuente de ingresos sólida.

Anécdota Interesante: Mark Zuckerberg, el fundador de Facebook, utiliza su plataforma para conectarse con personas de todo el mundo y promover causas sociales a través de su página personal.

Twitter - Compartiendo Pensamientos Rápidos

Twitter es una plataforma única que se destaca por su ritmo rápido y su capacidad para compartir pensamientos y noticias instantáneamente. A continuación, profundizaremos en cómo optimizar tu presencia en Twitter:

Fotografía de Perfil Profesional: A pesar de su formato de microblogging, tu fotografía de perfil en Twitter debe ser profesional. Utiliza una foto de perfil clara y actualizada. Asegúrate de que sea una imagen reconocible, ya que tu foto de perfil será la primera impresión que los usuarios tengan de ti en esta plataforma.

Encabezado (Portada): El encabezado de Twitter es tu oportunidad para destacarte. Utiliza una imagen relacionada con tus intereses o profesión. Por ejemplo, si eres un periodista, puedes utilizar una imagen que refleje tu trabajo de campo o la redacción de artículos. Tu encabezado debe ser atractivo y relacionado con tu perfil profesional.

Biografía y Descripción: La biografía en Twitter es limitada a 160 caracteres, por lo que debes ser conciso y creativo. Utiliza palabras clave relacionadas con tu industria o intereses. Por ejemplo, si eres un científico, puedes escribir "Apasionado por la investigación científica y la exploración del espacio".

Palabras Clave de SEO para X: Incorpora palabras clave relevantes en tu biografía y tweets para aumentar la visibilidad. Si eres un escritor, utiliza palabras clave como "escritura creativa", "novela" o "autor publicado" en tus tweets.

Publicando Contenido en X

Twitter o X se destaca por su brevedad y velocidad. Aquí están algunos consejos para tus tweets:

Tweets Relevantes: Comparte contenido relacionado con tu área de experiencia o intereses. Si eres un experto en tecnología, publica sobre las últimas tendencias tecnológicas, comparte artículos de noticias relevantes o haz comentarios sobre eventos de la industria.

Participación en Conversaciones: X es ideal para interactuar con otros usuarios. Responde preguntas, comparte opiniones y participa en conversaciones relevantes para tu campo. Por ejemplo, si eres un diseñador gráfico, puedes responder a preguntas sobre diseño y ofrecer consejos.

Uso Estratégico de Hashtags: Utiliza hashtags de manera estratégica en tus tweets para aumentar la visibilidad. Investiga los hashtags populares en tu industria y úsalos de manera relevante. Por ejemplo, si eres un amante de la música, puedes usar hashtags como #MúsicaEnVivo, #FestivalDeMúsica y #NuevosLanzamientos.

Interacción y Redes Profesionales: Sigue a otros usuarios influyentes en tu campo y participa en conversaciones con ellos. Comparte sus tweets y etiquétalos cuando sea apropiado. Esto puede ayudarte a construir relaciones profesionales sólidas en X.

Diferencia entre Tweets y Videos: Los tweets son ideales para compartir pensamientos rápidos, noticias o enlaces a contenido relevante. Los videos en Twitter permiten una comunicación más dinámica. Puedes usarlos para compartir consejos, demostraciones o discusiones en profundidad. Por ejemplo, si eres un experto en finanzas, puedes crear un video corto explicando consejos de inversión.

Estadísticas y Analíticas de X: Twitter ofrece herramientas de analítica que te permiten ver cómo están funcionando tus tweets. Puedes obtener información sobre el alcance, la interacción y la participación de tu audiencia. Utiliza estas estadísticas para ajustar tu estrategia y mejorar tu presencia en la plataforma.

Oportunidades Laborales y Promoción de Productos o Servicios: Aunque X se centra en la comunicación rápida, aún puedes utilizarlo para buscar oportunidades laborales o promover productos y servicios. Sigue a empresas que te interesen, participa en conversaciones relevantes y utiliza la plataforma como una herramienta para establecer conexiones profesionales.

Monetizar en X: Estrategias y Consejos

X es una plataforma de redes sociales popular que ofrece varias oportunidades para monetizar tu presencia en línea. A continuación, te presento algunas estrategias y consejos para monetizar en X:

Influencer Marketing: El influencer marketing es una forma común de monetizar en Twitter. Si tienes una base de seguidores grande y comprometida, las marcas pueden pagarte por promocionar sus productos o servicios a través de tus tweets. Aquí hay algunas pautas clave:

Identifica tu nicho: Enfócate en un nicho específico en el que tengas experiencia o interés. Esto atraerá a marcas que buscan llegar a un público particular.

Crea contenido auténtico: Las marcas buscan colaboradores que puedan integrar sus productos o servicios de manera auténtica en sus tweets. Evita el exceso de promoción y mantén la autenticidad.

Negocia tarifas justas: Investiga las tarifas típicas para colaboraciones en tu nicho y negocia tarifas justas con las marcas. No subvalores tu trabajo.

Venta de Productos o Servicios: Si tienes tu propio negocio o eres un emprendedor, puedes utilizar Twitter para vender productos o servicios. Algunas estrategias efectivas incluyen:

Cuenta de empresa: Convierte tu perfil en una cuenta de empresa para acceder a funciones adicionales y estadísticas.

Promoción de productos: Utiliza tweets y enlaces a tu tienda en línea para promocionar tus productos directamente a tus seguidores.

Marketing de Afiliados: El marketing de afiliados consiste en promocionar productos o servicios de otras empresas y ganar comisiones por cada venta generada a través de tus enlaces de afiliado. Encuentra programas de afiliados que se relacionen con tu nicho y promociona productos relevantes a tu audiencia.

Venta de Contenido Exclusivo: Si eres un creador de contenido en áreas como escritura, diseño gráfico o música, puedes vender contenido exclusivo a través de plataformas de membresía, como Patreon. Ofrece contenido premium a quienes estén dispuestos a pagar una tarifa mensual.

Publicidad en X: Utiliza Twitter Ads para promocionar tus tweets y llegar a una audiencia más amplia. Puedes segmentar tus anuncios según la ubicación, los intereses y otras características demográficas.

Cursos y Contenido Educativo: Si tienes conocimientos especializados en un área específica, considera la creación y venta de cursos en línea. Anuncia tus cursos a través de tweets promocionales y comparte contenido gratuito para demostrar tu experiencia.

Donaciones y Crowdfunding: X permite a los usuarios recibir donaciones directamente a través de sus tweets. También puedes utilizar plataformas de crowdfunding vinculadas a tu contenido para obtener apoyo financiero de tus seguidores

Anécdota Interesante: Elon Musk, CEO de Tesla y SpaceX, utiliza Twitter para compartir actualizaciones sobre sus proyectos espaciales y de energía, ha construido una gran base de seguidores y ha logrado comprarlo y hoy por eso se le llama X.

YouTube - Compartiendo Contenido en Video

YouTube es una plataforma poderosa para compartir contenido en video y construir una audiencia leal. A continuación, profundizaremos en cómo optimizar tu presencia en YouTube y cómo monetizar tu canal:

Fotografía de Perfil Profesional: Tu foto de perfil en YouTube debe ser fácilmente reconocible. Utiliza una imagen de alta calidad que represente tu marca personal o el contenido de tu canal. Si eres un chef, considera usar una foto tuya en la cocina o con una de tus creaciones culinarias.

Portada del Canal: La portada de tu canal de YouTube es tu oportunidad para destacarte visualmente. Utiliza una imagen relacionada con el contenido de tu canal. Por ejemplo, si eres un viajero, puedes mostrar una foto de un lugar impresionante que hayas visitado. Asegúrate de que tu portada sea atractiva y representativa.

Descripción del Canal: La descripción de tu canal es donde puedes explicar brevemente de qué trata tu contenido. Utiliza palabras clave relacionadas con tu nicho. Por ejemplo, si eres un entusiasta de la tecnología, puedes escribir "Explorando las últimas tendencias tecnológicas y reseñas de productos".

Palabras Clave de SEO para YouTube: Incorpora palabras clave relevantes en la descripción de tu canal y en las descripciones de tus videos para mejorar la visibilidad en las búsquedas. Por ejemplo, si eres un vlogger de viajes, utiliza palabras clave como "viajes", "aventuras" y "destinos".

Publicando Contenido en YouTube: YouTube se centra en videos, por lo que la calidad visual y el contenido son esenciales. Aquí tienes algunos consejos para tus videos:

Videos de Alta Calidad: Graba y edita tus videos con la mejor calidad posible. Utiliza una buena cámara y micrófono para garantizar un buen sonido e imagen. Si eres un músico, asegúrate de que tus videos de música sean profesionales.

Título y Descripción Relevantes: Elige títulos descriptivos y atractivos para tus videos. En la descripción, proporciona información adicional y enlaces relevantes. Utiliza palabras clave relacionadas con el contenido del video.

Uso Estratégico de Etiquetas (Tags): Agrega etiquetas (tags) relacionadas con el contenido de tu video para mejorar la visibilidad en las búsquedas de YouTube. Por ejemplo, si eres un instructor de fitness, puedes etiquetar tus videos con palabras como "entrenamiento en casa", "rutina de ejercicios" y "salud".

Interacción y Comunidad: Fomenta la interacción con tus seguidores. Responde a los comentarios en tus videos y participa en la sección de comentarios. Aprovecha las redes sociales para promover tu canal y tus videos. Por ejemplo, crea una cuenta de Twitter o Facebook dedicada a tu canal de YouTube para interactuar con tu audiencia.

Monetización en YouTube: Estrategias y Consejos

YouTube es una de las plataformas más populares para la creación y monetización de contenido en video. Si deseas monetizar tu canal de YouTube y generar ingresos, aquí tienes algunas estrategias y consejos clave:

Programa de Socios de YouTube: El Programa de Socios de YouTube (YPP) es la forma más común de monetización en la plataforma. Para calificar, debes cumplir con ciertos requisitos, que suelen incluir un mínimo de 1,000 suscriptores y 4,000 horas de tiempo de visualización en los últimos 12 meses. Una vez que te conviertas en un socio de YouTube, puedes ganar dinero a través de los siguientes métodos:

• **Publicidad en videos:** Google AdSense permite mostrar anuncios en tus videos y obtener ingresos basados en las vistas y clics en los anuncios. Cuantas más vistas tenga tu contenido, mayores serán tus ingresos publicitarios.

•   **Superchat y Super Stickers:** Si transmites en vivo en YouTube, los espectadores pueden comprar Superchat y Super Stickers para destacar sus mensajes en el chat y apoyarte financieramente durante las transmisiones en vivo.

•   **YouTube Premium:** Obtendrás una parte de los ingresos generados por los suscriptores de YouTube Premium que vean tus videos sin anuncios.

•   **Marketing de Afiliados:** Promociona productos o servicios de otras empresas en tus videos a través de enlaces de afiliados. Si un espectador hace una compra a través de tu enlace de afiliado, ganarás una comisión. Asegúrate de divulgar claramente tu relación de afiliado en tus videos y descripciones.

Ventas de Productos o Mercancía Propia: Si tienes productos físicos o digitales, puedes promocionarlos en tus videos y dirigir a los espectadores a tu sitio web o plataforma de venta en línea. También puedes vender mercancía con tu marca, como camisetas, tazas o productos relacionados con tu canal.

Cursos y Contenido Exclusivo: Crea y vende cursos en línea o contenido exclusivo a través de plataformas como Patreon. Ofrece a tus seguidores acceso a contenido premium a cambio de una tarifa mensual.

Patrocinios y Colaboraciones: Colabora con marcas o empresas relacionadas con tu nicho para realizar videos patrocinados. Asegúrate de que los productos o servicios sean relevantes para tu audiencia y cumple con las regulaciones de divulgación de patrocinio.

Publicidad Fuera de YouTube: Utiliza otras plataformas, como tu sitio web o redes sociales, para promocionar tus videos de YouTube. Cuantas más vistas generes en tus videos, mayores serán tus ingresos por publicidad.

Optimiza tu Contenido:

Consistencia: Publica contenido de manera regular para mantener a tu audiencia comprometida y aumentar tus posibilidades de ser recomendado por YouTube.

SEO: Utiliza palabras clave relevantes en tus títulos, descripciones y etiquetas para que tus videos sean más fáciles de encontrar en las búsquedas.

Retención de Audiencia: Crea contenido que mantenga a los espectadores viendo tus videos durante más tiempo. Videos más largos pueden generar más ingresos por anuncios.

Interacción: Fomenta la interacción con tus espectadores a través de comentarios, likes y compartir. Esto aumenta la visibilidad de tus videos.

Calidad: Prioriza la calidad de video y audio. Un video bien producido atrae a más espectadores y mejora la experiencia del usuario.

Recuerda que la monetización en YouTube requiere tiempo y dedicación. Construye una audiencia auténtica, sigue creando contenido de calidad y diversifica tus fuentes de ingresos para maximizar tu potencial de ganancias en la plataforma.

Anécdota Interesante: PewDiePie, un popular creador de contenido, ha acumulado millones de seguidores y ha generado ingresos significativos a través de su canal de YouTube, que comenzó como un pasatiempo.

WhatsApp - Comunicación Directa y Efectiva

WhatsApp es una plataforma de mensajería instantánea que te permite comunicarte de manera directa y efectiva con amigos, familiares y colegas. Aunque no es una red social tradicional, es una herramienta poderosa para mantener conexiones personales y profesionales. A continuación, profundizaremos en cómo optimizar tu uso de WhatsApp:

Perfil y Foto de Perfil: En WhatsApp, tu foto de perfil y la información de tu perfil son visibles para tus contactos. Utiliza una foto de perfil que sea apropiada para tus conexiones personales y profesionales. Si tienes un negocio, puedes utilizar tu logotipo como foto de perfil.

Estado: WhatsApp te permite actualizar tu estado, que es una breve descripción o mensaje que tus contactos verán. Utiliza esta función para compartir actualizaciones relevantes o profesionales. Por ejemplo, si eres un fotógrafo, puedes establecer tu estado como "Disponible para sesiones de fotos".

Listas de Difusión: Las listas de difusión son una característica útil para enviar mensajes a múltiples contactos a la vez sin que sepan quiénes son los otros destinatarios. Úsalas con cuidado y para contenido relevante, como anuncios profesionales o felicitaciones en ocasiones especiales.

Grupos de WhatsApp: Los grupos de WhatsApp son ideales para mantener conversaciones y colaboraciones en equipo. Puedes crear grupos para proyectos profesionales o para discutir temas de interés común. Asegúrate de seguir las normas de etiqueta del grupo y mantener la comunicación profesional cuando sea necesario.

Comunicación Efectiva: WhatsApp es una plataforma de comunicación instantánea, por lo que es importante mantener la comunicación clara y efectiva. Utiliza mensajes concisos y evita el lenguaje ambiguo. Si estás discutiendo un tema profesional, asegúrate de responder de manera oportuna.

Seguridad y Privacidad: WhatsApp ofrece funciones de seguridad y privacidad, como la autenticación de dos factores y la configuración de privacidad para tus estados y perfil. Utiliza estas funciones para proteger tu información personal y profesional.

Compartir Documentos y Multimedia: WhatsApp te permite compartir documentos, imágenes, videos y otros archivos. Úsalo para enviar archivos profesionales a colegas o clientes. Asegúrate de que los archivos sean relevantes y de interés para los destinatarios.

Videollamadas y Llamadas de Voz: WhatsApp también ofrece la opción de realizar videollamadas y llamadas de voz. Utilízalas para tener reuniones virtuales con colegas o clientes cuando sea necesario. Asegúrate de tener una buena conexión a Internet para una comunicación sin problemas.

Monetización en WhatsApp: A diferencia de algunas otras redes sociales, WhatsApp no ofrece directamente oportunidades de monetización a través de anuncios o patrocinios. Sin embargo, puedes utilizar WhatsApp para promover tus productos o servicios y dirigir a los clientes a tu sitio web o plataforma de ventas en línea. Mantén una comunicación profesional y evita el spam para construir relaciones sólidas con tus contactos.

Anécdota Interesante: Un emprendedor utilizó WhatsApp para establecer una comunicación eficiente con clientes internacionales y construir una marca global.

Telegram - Comunicación Segura y Eficiente

Telegram es una plataforma de mensajería que se destaca por su seguridad y eficiencia en la comunicación. Aunque no es una red social tradicional, es una herramienta poderosa para mantener conexiones personales y profesionales. A continuación, profundizaremos en cómo optimizar tu uso de Telegram:

Perfil y Foto de Perfil: En Telegram, tu foto de perfil y la información de tu perfil son visibles para tus contactos. Utiliza una foto de perfil que sea apropiada para tus conexiones personales y profesionales. Si tienes un negocio, puedes utilizar tu logotipo como foto de perfil.

Estado: Telegram te permite actualizar tu estado, que es una breve descripción o mensaje que tus contactos verán. Utiliza esta función para compartir actualizaciones relevantes o profesionales. Por ejemplo, si eres un escritor, puedes establecer tu estado como "Trabajando en mi próxima novela".

Canales de Telegram: Los canales de Telegram son ideales para difundir información de manera unidireccional. Puedes crear un canal para compartir contenido relacionado con tu nicho o industria. Asegúrate de proporcionar contenido valioso y relevante para tus seguidores.

Grupos de Telegram: Los grupos de Telegram son una excelente forma de mantener conversaciones y colaboraciones en equipo. Puedes crear grupos para proyectos profesionales o para discutir temas de interés común. Establece reglas claras para el grupo y asegúrate de mantener la comunicación profesional.

Comunicación Efectiva: Telegram es una plataforma de comunicación instantánea, por lo que es importante mantener la comunicación clara y efectiva. Utiliza mensajes concisos y evita el lenguaje ambiguo. Si estás discutiendo un tema profesional, asegúrate de responder de manera oportuna.

Seguridad y Privacidad: Telegram se enorgullece de su enfoque en la seguridad y la privacidad. Utiliza funciones como el chat secreto para conversaciones confidenciales y establece contraseñas para proteger tus chats. Asegúrate de que tus contactos se sientan seguros al interactuar contigo en la plataforma.

Compartir Documentos y Multimedia: Telegram te permite compartir documentos, imágenes, videos y otros archivos. Úsalo para enviar archivos profesionales a colegas o clientes. Asegúrate de que los archivos sean relevantes y de interés para los destinatarios.

Llamadas de Voz: Telegram ofrece llamadas de voz de alta calidad. Utilízalas para tener conversaciones más detalladas o para discutir proyectos de manera más efectiva.

Monetización en Telegram: Al igual que WhatsApp, Telegram no ofrece oportunidades directas de monetización a través de anuncios o patrocinios. Sin embargo, puedes utilizar Telegram para promover tus productos o servicios y dirigir a los clientes a tu sitio web o plataforma de ventas en línea. Mantén una comunicación profesional y evita el spam para construir relaciones sólidas con tus contactos.

Anécdota Interesante: Un activista utilizó Telegram para coordinar protestas de manera segura y efectiva en su comunidad.

TikTok - Creatividad y Entretenimiento

TikTok es una plataforma de redes sociales centrada en la creación y el consumo de videos cortos. Aunque es conocida principalmente por su contenido de entretenimiento, también puede ser una herramienta efectiva para construir una presencia personal o profesional. A continuación, profundizaremos en cómo optimizar tu presencia en TikTok, así como en cómo monetizar y utilizar esta plataforma en campañas publicitarias:

Perfil de TikTok: Tu perfil de TikTok es crucial para atraer seguidores y transmitir tu personalidad o marca. Utiliza una foto de perfil que sea fácilmente reconocible y relacionada con el contenido que compartirás. Si eres un creador de contenido de belleza, una foto tuya con un aspecto impresionante podría ser adecuada.

Nombre de Usuario y Biografía: Elige un nombre de usuario memorable y relacionado con tu nicho o intereses. La biografía de TikTok es limitada, por lo que sé creativo y utiliza palabras clave relevantes. Por ejemplo, si eres un comediante, puedes escribir "Haciendo reír al mundo, un TikTok a la vez".

Palabras Clave de SEO para TikTok: Aprovecha la oportunidad para usar palabras clave en tu biografía y descripción de tus videos para que sean más fácilmente descubiertos. Por ejemplo, si eres un chef, puedes utilizar palabras clave como "recetas caseras", "cocina gourmet" o "comida saludable".

Publicando Contenido en TikTok: TikTok se basa en videos cortos, por lo que la creatividad y el contenido visual son esenciales. Aquí tienes algunos consejos para tus videos:

Contenido de Alta Calidad: Crea videos visualmente atractivos y de alta calidad. Utiliza música, efectos visuales y transiciones para captar la atención de los espectadores. Por ejemplo, si eres un bailarín, puedes producir videos con coreografías impresionantes.

Participación y Tendencias: Mantente al tanto de las tendencias populares en TikTok y participa en los desafíos y hashtags relevantes para tu nicho. Esto puede ayudarte a llegar a un público más amplio y aumentar tu visibilidad.

Uso Estratégico de Hashtags: Utiliza hashtags que sean relevantes para tu contenido. Investiga los hashtags populares en tu área y úsalos de manera adecuada en tus videos. Esto puede aumentar la visibilidad de tus videos en las búsquedas.

Público Dirigido: Identifica a tu público objetivo en TikTok y crea contenido que resuene con ellos. Por ejemplo, si eres un aficionado a la tecnología, tu audiencia objetivo probablemente esté interesada en las últimas novedades tecnológicas y dispositivos.

Monetización en TikTok: Estrategias y Consejos

TikTok es una plataforma de redes sociales que ha ganado una gran popularidad en los últimos años. Si deseas monetizar tu presencia en TikTok y generar ingresos, aquí tienes algunas estrategias y consejos clave:

Programa de Socios de TikTok: TikTok ha lanzado su propio programa de monetización llamado "Fondo de Creadores". Aunque no está disponible en todos los países, te permite ganar dinero directamente a través de la plataforma. Aquí están las principales formas de monetizar en TikTok a través del Programa de Socios:

• **Ingresos por anuncios:** Los creadores de TikTok pueden obtener ingresos por anuncios mostrados en sus videos. TikTok comparte una parte de los ingresos publicitarios contigo.

• **Regalías de música:** Si utilizas música original en tus videos y eres el propietario de los derechos, puedes ganar dinero a través de regalías cuando otros usuarios utilicen tu música.

Marketing de Influencers:

El marketing de influencers en TikTok es una de las formas más comunes de monetización. Las marcas pueden pagar a los creadores populares para que promocionen sus productos o servicios a través de videos. Aquí hay algunas pautas clave:

Construye una audiencia sólida: Cuanto mayor sea tu base de seguidores y tu compromiso, más atractivo serás para las marcas.

Colabora con marcas relevantes: Promociona productos o servicios que sean relevantes para tu audiencia y tu nicho. La autenticidad es clave.

Negocia tarifas justas: Investiga las tarifas típicas para colaboraciones en tu nicho y negocia tarifas justas con las marcas. No subvalores tu trabajo.

Ventas de Productos o Servicios:

Si tienes tu propio negocio o eres un emprendedor, puedes promocionar tus productos o servicios a través de TikTok. Crea videos atractivos que destaquen tus productos y dirige a los espectadores a tu sitio web o plataforma de ventas en línea.

Contenido Exclusivo y Membresías: Ofrece contenido exclusivo o acceso a tus seguidores a cambio de una tarifa mensual a través de plataformas de membresía, como Patreon. Esto puede incluir contenido detrás de escena, tutoriales exclusivos o adelantos de videos.

Publicidad Fuera de TikTok: Promociona tu perfil de TikTok en otras redes sociales, como Instagram y YouTube. Cuantas más vistas y seguidores tengas, mayores serán tus oportunidades de monetización.

Colaboraciones con Otras Plataformas: Colabora con otros creadores de contenido o influencers en diferentes plataformas para aumentar tu exposición y alcance en línea.

Participa en Desafíos Patrocinados: Algunas marcas organizan desafíos patrocinados en TikTok y ofrecen premios a los usuarios que participen. Si tienes una audiencia activa, puedes participar en estos desafíos y ganar premios o dinero.

Recuerda que la construcción de una audiencia auténtica y comprometida es esencial para el éxito en la monetización de TikTok. Mantén la coherencia en tu contenido, interactúa con tus seguidores y busca oportunidades que se alineen con tus intereses y valores. La monetización en TikTok puede requerir tiempo y esfuerzo, pero con la estrategia adecuada, puedes convertir tu presencia en una fuente de ingresos sólida.

Uso en Campañas Publicitarias: Las empresas también pueden utilizar TikTok en sus campañas publicitarias para llegar a una audiencia más joven y comprometida. Si tienes una empresa o trabajas en marketing, considera utilizar TikTok Ads para promocionar tus productos o servicios a través de anuncios creativos y segmentación específica.

Anécdota Interesante: Charli D'Amelio, una popular creadora de contenido en TikTok, ha construido una gran base de seguidores y ha colaborado con marcas reconocidas a través de su creatividad en la plataforma.

Snapchat - Compartiendo Momentos Efímeros

Snapchat es una plataforma de redes sociales única que se centra en compartir momentos efímeros a través de fotos y videos. Aunque es conocida por su naturaleza temporal, Snapchat puede ser una herramienta efectiva para construir una presencia personal o profesional. A continuación, profundizaremos en cómo optimizar tu presencia en Snapchat:

Perfil de Snapchat: Tu perfil de Snapchat es la primera impresión que los usuarios tienen de ti. Utiliza una foto de perfil que sea fácilmente reconocible y relacionada con tu marca o intereses. Si eres un viajero, una foto tuya en un lugar impresionante podría ser apropiada.

Nombre de Usuario y Biografía: Elige un nombre de usuario que sea fácil de recordar y relacionado con tu marca personal o intereses. La biografía de Snapchat es limitada, por lo que sé creativo y utiliza palabras clave relevantes. Por ejemplo, si eres un amante de la moda, puedes escribir "Explorando el mundo de la moda, un snap a la vez".

Palabras Clave de SEO para Snapchat: Aunque Snapchat no utiliza palabras clave de la misma manera que otras plataformas, puedes utilizar palabras clave relevantes en tu biografía y en los textos que acompañan a tus fotos y videos para que sean más fáciles de encontrar por aquellos que buscan contenido similar.

Publicando Contenido en Snapchat

Snapchat se basa en fotos y videos que desaparecen después de ser vistos. Aquí tienes algunos consejos para tus snaps:

Contenido Auténtico: Los usuarios de Snapchat valoran la autenticidad. Comparte momentos de tu vida personal o profesional que sean genuinos y representativos de tu marca. Por ejemplo, si eres un chef, puedes mostrar el proceso de preparación de una receta especial.

Historias de Snapchat: Utiliza las Historias de Snapchat para crear secuencias de snaps que los usuarios pueden ver durante 24 horas. Puedes usar esta función para contar una historia más larga o destacar eventos especiales.

Lentes y Filtros: Snapchat ofrece una amplia variedad de lentes y filtros que puedes aplicar a tus snaps. Utilízalos para añadir diversión y creatividad a tus fotos y videos.

Público Dirigido: Identifica a tu público objetivo en Snapchat y crea contenido que resuene con ellos. Por ejemplo, si eres un músico, tu audiencia probablemente esté interesada en ver detrás de escena de tus ensayos y conciertos.

Monetización en Snapchat: Aunque Snapchat no ofrece oportunidades de monetización directa para creadores de contenido como algunas otras plataformas, aún puedes utilizar la plataforma para promover productos o servicios y dirigir a los clientes a tu sitio web o plataforma de ventas en línea. Mantén una comunicación auténtica y evita el exceso de promoción para construir relaciones sólidas con tus seguidores.

Uso en Campañas Publicitarias: Las empresas también pueden utilizar Snapchat en sus campañas publicitarias para llegar a una audiencia joven y comprometida. Considera la posibilidad de utilizar Snapchat Ads para promocionar productos o servicios a través de anuncios creativos y segmentación específica.

Anécdota Interesante: Cierra este capítulo con una anécdota interesante sobre alguien que haya utilizado Snapchat de manera creativa para construir una marca personal o lograr un objetivo importante. Por ejemplo, menciona cómo Kylie Jenner, una celebridad y empresaria, ha utilizado Snapchat para conectarse con sus seguidores y promocionar sus productos de belleza de manera efectiva.

Pinterest - Inspiración Visual y Descubrimiento

Pinterest es una plataforma única que se centra en el descubrimiento y la inspiración a través de imágenes y tableros. Aunque no es una red social tradicional, Pinterest puede ser una herramienta efectiva para construir una presencia personal o profesional. A continuación, profundizaremos en cómo optimizar tu presencia en Pinterest:

Perfil de Pinterest: Tu perfil de Pinterest es tu tarjeta de presentación en la plataforma. Utiliza una foto de perfil que represente tu marca o intereses. Si eres un diseñador gráfico, una imagen relacionada con el diseño sería apropiada.

Nombre de Usuario y Biografía: Elige un nombre de usuario que sea fácil de recordar y relacionado con tu marca personal o intereses. En la biografía de Pinterest, puedes proporcionar una breve descripción de ti mismo o de lo que los usuarios pueden esperar encontrar en tus tableros. Por ejemplo, si eres un amante de la jardinería, puedes escribir "Compartiendo consejos de jardinería y paisajismo".

Palabras Clave de SEO para Pinterest: Pinterest es una plataforma altamente visual, pero aún puedes utilizar palabras clave relevantes en la descripción de tus tableros y pins para mejorar la visibilidad en las búsquedas. Por ejemplo, si eres un chef, puedes utilizar palabras clave como "recetas saludables" o "cocina gourmet".

Creación de Tableros: Los tableros son la columna vertebral de Pinterest. Crea tableros que reflejen tus intereses o tu nicho. Si eres un viajero, puedes tener tableros para diferentes destinos o tipos de viajes, como "Aventuras al aire libre" o "Gastronomía mundial".

Pins y Contenido Visual: Los pins son las imágenes o videos que compartes en tus tableros. Utiliza contenido visual atractivo y de alta calidad. Si eres un artista, comparte imágenes de tus obras de arte y proporciona detalles sobre tu proceso creativo.

Público Dirigido: Identifica a tu público objetivo en Pinterest y crea contenido que les resulte atractivo. Por ejemplo, si eres un decorador de interiores, tu audiencia probablemente esté interesada en pins sobre diseño de interiores y consejos de decoración.

Monetización en Pinterest: Pinterest ofrece oportunidades de monetización a través de funciones como Pinterest Shop y Pinterest Ads:

Pinterest Shop: Si tienes productos para vender, puedes utilizar Pinterest Shop para crear una tienda en línea en la plataforma. Esto permite a los usuarios comprar tus productos directamente desde tus pins.

Pinterest Ads: Las empresas pueden utilizar Pinterest Ads para promocionar productos o servicios a través de anuncios pagados. Si estás interesado en la publicidad en Pinterest, puedes explorar esta opción para aumentar la visibilidad de tu marca.

Uso en Campañas Publicitarias: Las empresas también pueden utilizar Pinterest en sus campañas publicitarias para promover productos y servicios. Pinterest es especialmente efectivo para la promoción de productos visualmente atractivos, como ropa, decoración y alimentos.

Anécdota Interesante: Joy Cho, una diseñadora de renombre, ha utilizado Pinterest para inspirar a su audiencia y promover su trabajo de diseño de interiores y productos.

Reddit - Comunidad y Discusión

Reddit es una plataforma única que se centra en la comunidad y la discusión a través de subreddits (subcomunidades temáticas). Aunque es diferente de las redes sociales tradicionales, Reddit puede ser una herramienta poderosa para construir una presencia personal o profesional. A continuación, profundizaremos en cómo optimizar tu presencia en Reddit:

Perfil de Reddit: Tu perfil de Reddit es tu identidad en la plataforma. Aunque Reddit no se centra en la imagen personal, aún puedes elegir un nombre de usuario que sea relevante para tu nicho o intereses. Si eres un entusiasta de la tecnología, un nombre de usuario relacionado con la tecnología sería apropiado.

Participación en Subreddits: La participación activa en subreddits es esencial en Reddit. Encuentra subreddits que sean relevantes para tu nicho o intereses y comienza a participar en las discusiones. Si eres un escritor, busca subreddits de escritura y comparte tus consejos y experiencias.

Comentarios Significativos: Cuando participes en discusiones, asegúrate de que tus comentarios sean significativos y aporten valor. Evita comentarios vagos o spam. La calidad de tus comentarios puede ayudarte a ganar reconocimiento en la comunidad.

Creación de Contenido Propio: Si tienes contenido original, como blogs o videos, compártelo en subreddits relevantes. Asegúrate de seguir las reglas de cada subreddit y etiqueta tu contenido de manera adecuada.

Karma y Reputación: Reddit utiliza un sistema de karma que refleja la calidad de tu contribución a la plataforma. Un karma alto puede aumentar tu reputación en la comunidad. Para aumentar tu karma, participa activamente y aporta contenido valioso.

Público Dirigido: Identifica a tu público objetivo en Reddit y crea contenido que sea relevante para ellos. Por ejemplo, si eres un fotógrafo, busca subreddits de fotografía y comparte tus mejores fotos y consejos.

Monetización en Reddit: Aunque Reddit no ofrece oportunidades de monetización directa para creadores de contenido, puedes utilizar la plataforma para promover productos o servicios y dirigir a los usuarios a tu sitio web o plataforma de ventas en línea. Mantén una comunicación auténtica y evita el exceso de autopromoción para construir relaciones sólidas con la comunidad.

Anuncios en Reddit: Las empresas pueden utilizar Reddit para publicitar sus productos o servicios a través de anuncios pagados. Si estás interesado en la publicidad en Reddit, puedes explorar esta opción para aumentar la visibilidad de tu marca.

Moderación de Subreddits: Si te sientes cómodo liderando una comunidad, considera convertirte en moderador de un subreddit relacionado con tu nicho. Esto te permitirá tener un mayor impacto y construir tu autoridad en línea.

Anécdota Interesante: Un usuario de Reddit compartió un proyecto creativo que se volvió viral y le dio reconocimiento en la comunidad.

Capítulo 2

Capítulo 2: Cómo Ser un Influencer Exitoso en Redes Sociales

Ser un influencer exitoso en las redes sociales requiere un enfoque estratégico y la comprensión de las plataformas específicas en las que deseas destacar. En México, existen varias redes sociales populares que ofrecen oportunidades para convertirse en influencer. A continuación, enumeraré algunas de las principales redes sociales, evaluándolas en función de su capacidad de monetización, facilidad de uso y aceptación general:

1. Instagram

Capacidad de Monetización: Alta. Instagram ofrece oportunidades de monetización a través de colaboraciones con marcas, publicidad y la venta de productos o servicios.

Facilidad de Uso: Moderada. La plataforma es intuitiva, pero para destacar, debes crear contenido visual atractivo y mantener una estrategia de publicación constante.

Aceptación General en México: Muy alta. Instagram es extremadamente popular en México, especialmente entre los jóvenes.

2. YouTube

Capacidad de Monetización: Alta. Puedes ganar dinero a través de anuncios, patrocinios, membresías de seguidores y ventas de productos.

Facilidad de Uso: Moderada. Crear y editar videos de calidad puede ser un desafío, pero hay muchas herramientas disponibles.

Aceptación General en México: Muy alta. YouTube es una de las plataformas más utilizadas en México.

3. TikTok

Capacidad de Monetización: Moderada. Aunque es posible ganar dinero a través de colaboraciones y regalías, TikTok aún no ofrece tantas oportunidades de monetización como otras plataformas.

Facilidad de Uso: Alta. TikTok es fácil de usar, y la creación de videos cortos es rápida y sencilla.

Aceptación General en México: Muy alta. TikTok ha ganado popularidad rápidamente en México y es especialmente popular entre los jóvenes.

4. Twitter

Capacidad de Monetización: Moderada. Puedes ganar dinero a través de acuerdos de patrocinio y promoción de productos, pero no es tan lucrativo como otras plataformas.

Facilidad de Uso: Alta. Twitter es fácil de usar, pero destacar como influencer puede requerir la construcción de una audiencia comprometida.

Aceptación General en México: Alta. Twitter es ampliamente utilizado en México para noticias y debates.

5. Facebook

Capacidad de Monetización: Moderada. Puedes ganar dinero a través de contenido patrocinado y la venta de productos, pero Facebook tiende a ser más adecuado para ciertos nichos.

Facilidad de Uso: Alta. Facebook es fácil de usar y ofrece una variedad de herramientas para creadores de contenido.

Aceptación General en México: Muy alta. Facebook sigue siendo una plataforma popular en México, especialmente para grupos y comunidades.

6. LinkedIn

Capacidad de Monetización: Moderada. Si te especializas en contenido profesional, puedes ganar dinero a través de colaboraciones y servicios de consultoría.

Facilidad de Uso: Alta. LinkedIn es fácil de usar para profesionales y emprendedores.

Aceptación General en México: Alta. LinkedIn es ampliamente utilizado en contextos profesionales en México.

7. WhatsApp

Capacidad de Monetización: Baja. WhatsApp es principalmente una plataforma de mensajería privada, por lo que las oportunidades de monetización son limitadas. Sin embargo, puedes utilizar WhatsApp para dirigir tráfico a tus perfiles de redes sociales o sitios web donde generes ingresos.

Facilidad de Uso: Alta. WhatsApp es ampliamente utilizado y su interfaz es intuitiva.

Aceptación General en México: Muy alta. WhatsApp es la aplicación de mensajería más popular en México y se utiliza en diversos contextos.

8. Telegram

Capacidad de Monetización: Moderada. Telegram permite la creación de canales y grupos, lo que brinda oportunidades de promoción de contenido y productos. También puedes recibir donaciones de seguidores.

Facilidad de Uso: Alta. Telegram es fácil de usar y ofrece una variedad de funciones de mensajería.

Aceptación General en México: Alta. Telegram ha ganado popularidad en México como alternativa a otras aplicaciones de mensajería.

9. Snapchat

Capacidad de Monetización: Moderada. Snapchat ofrece oportunidades de monetización a través de contenido patrocinado y promoción de productos, pero es más común entre un público joven.

Facilidad de Uso: Moderada. Snapchat se centra en la creación de contenido efímero, lo que puede requerir tiempo para dominar.

Aceptación General en México: Moderada. Snapchat es popular entre los jóvenes, pero su uso puede ser menos generalizado en comparación con otras plataformas.

10. Pinterest

Capacidad de Monetización: Moderada. Pinterest ofrece oportunidades de monetización a través de la promoción de productos y afiliados, pero es más adecuado para nichos específicos.

Facilidad de Uso: Alta. Pinterest es fácil de usar y se enfoca en contenido visual.

Aceptación General en México: Moderada. Pinterest es utilizado principalmente por personas interesadas en temas específicos, como la moda, la decoración del hogar y la comida.

11. Reddit

Capacidad de Monetización: Baja. Reddit no es conocido por ser una plataforma de monetización para influencers, pero puedes promocionar contenido y productos en ciertas comunidades (subreddits) siempre que sigas las reglas.

Facilidad de Uso: Moderada. Reddit tiene una interfaz única y requiere comprender sus normas y etiqueta.

Aceptación General en México: Moderada. Reddit no es tan popular en México como otras redes sociales, pero aún tiene una base de usuarios activa.

Elegir la plataforma adecuada para convertirte en un influencer dependerá de tus intereses, audiencia objetivo y objetivos personales. Cada plataforma tiene su propio conjunto de oportunidades y desafíos. En el próximo capítulo, exploraremos estrategias específicas para destacar en la plataforma que elijas y construir tu presencia como influencer.

Capítulo 3

Cómo Ganar Dinero en cualquier red social

Ser un influencer exitoso es un proceso que requiere planificación estratégica y esfuerzo constante. A continuación, te proporcionaré una guía detallada sobre cómo lograrlo, incluyendo consejos poco conocidos y cómo puedes combinar tu influencia en todas tus redes y con actividades fuera de la plataforma:

Identifica tu pasión:

Conoce tus intereses: Antes de empezar como influencer, reflexiona sobre tus intereses y pasiones. Pregúntate qué temas o actividades te apasionan realmente. Esto podría ser la moda, la comida, los viajes, la tecnología, la salud, el maquillaje, el deporte, la música o cualquier otra cosa.

Evalúa tu conocimiento: Una vez que hayas identificado tus intereses, considera cuánto sabes sobre esos temas. Un conocimiento sólido te ayudará a crear contenido auténtico y valioso para tu audiencia.

Investiga la demanda: Aunque es esencial que tu pasión sea genuina, también es importante evaluar si hay una demanda en cada red para el tipo de contenido que deseas crear. Investiga hashtags relacionados y busca cuentas exitosas en tu nicho para verificar si existe una audiencia interesada.

Combina pasión y demanda: Lo ideal es encontrar un equilibrio entre lo que te apasiona y lo que tiene demanda. Esta combinación te permitirá crear contenido que te entusiasme y atraer a una audiencia comprometida.

Define tu nicho: Dentro de tu área de pasión, define un nicho más específico. Por ejemplo, si te apasiona la comida, podrías especializarte en cocina vegana, recetas saludables o comida étnica. Cuanto más específico seas, más fácil será destacar en un mercado competitivo.

Planifica tu contenido: Una vez que hayas identificado tu nicho, planifica el tipo de contenido que deseas crear. Considera si prefieres publicar fotos, videos, tutoriales, reseñas o cualquier otro formato que se ajuste a tu nicho y estilo personal.

Identificar tu pasión es el primer paso esencial para construir una marca sólida. Esta pasión servirá como base para tu contenido y te ayudará a mantener la autenticidad a lo largo de tu viaje como influencer. A medida que avances en tu carrera, siempre regresa a tus intereses y pasiones originales para mantener tu motivación y conexiones genuinas con tu audiencia.

Crea tu nicho:

Investiga y analiza tu audiencia: Comprende a quién te diriges y quiénes son tus seguidores actuales o potenciales. Examina sus intereses, necesidades y problemas para determinar qué tipo de contenido les atraerá.

Identifica tu especialización: Define tu nicho específico dentro de tu área de interés general. Por ejemplo, si te apasiona la cocina, puedes especializarte en recetas saludables para personas ocupadas. Cuanto más específico sea tu nicho, más fácil será destacar en un mercado competitivo.

Encuentra tu voz única: Desarrolla una voz y un estilo únicos para tu contenido. Esto puede incluir tu tono de escritura, el tipo de humor que utilizas o la forma en que abordas los temas. Una voz distintiva te ayudará a destacar entre otros influencers de tu nicho.

Investiga a la competencia: Estudia a otros influencers en tu nicho para comprender qué están haciendo bien y cómo puedes diferenciarte. Identifica oportunidades no exploradas o áreas en las que puedas destacar.

Establece tus valores y principios: Define los valores y principios que guiarán tu contenido. Esto puede incluir la autenticidad, la sostenibilidad, la diversidad o cualquier otro valor importante para ti. Los seguidores aprecian la coherencia y la autenticidad.

Planifica tu contenido: Crea un plan de contenido que esté alineado con tu nicho y valores. Esto te ayudará a mantener la coherencia en tus publicaciones y a mantener el interés de tu audiencia.

Monitorea y ajusta: A medida que creces como influencer, continúa monitoreando el rendimiento de tu contenido y ajusta tu enfoque según las reacciones y el feedback de tu audiencia.

Crear y definir tu nicho es fundamental para destacar en tus redes como influencer. Al enfocarte en un nicho específico y desarrollar una voz única, te destacarás en un mercado competitivo y atraerás a una audiencia más comprometida y leal. Este enfoque también facilitará la colaboración con marcas y la monetización de tu influencia.

Crea Contenido de Calidad:

Fotografía de alta calidad: Invertir en una buena cámara o utilizar la cámara de tu smartphone de alta gama puede marcar la diferencia en la calidad de tus fotos. Aprende sobre la composición, la iluminación y la edición de fotos para garantizar que tus imágenes sean visualmente atractivas.

Edición de imágenes: Utiliza aplicaciones de edición de fotos como Adobe Lightroom, VSCO o Snapseed para mejorar tus imágenes. Ajusta el contraste, la saturación, el equilibrio de blancos y otros aspectos para lograr un aspecto coherente y atractivo en tu feed.

Equilibrio entre calidad y autenticidad: Si bien la calidad es esencial, no sacrifiques la autenticidad. A menudo, los seguidores aprecian la imperfección y la autenticidad tanto como la calidad visual. Encuentra un equilibrio entre imágenes pulidas y momentos genuinos.

Variedad de contenido: Diversifica tu contenido. Publica fotos, videos cortos, historias y transmisiones en vivo. La variedad mantiene a tu audiencia comprometida y muestra tu versatilidad como creador.

Narrativa visual: Crea una narrativa visual coherente en tu feed. Utiliza un estilo de edición y una paleta de colores que se alineen con tu marca personal. Una narrativa visual fuerte puede hacer que tu perfil sea más atractivo y memorable.

Planifica tus publicaciones: Utiliza herramientas de programación como Later o Buffer para planificar tus publicaciones con anticipación. Esto te permitirá mantener una programación coherente y asegurarte de que tu contenido sea coherente y relevante para tu audiencia.

Experimenta con formatos: No tengas miedo de experimentar con diferentes formatos de contenido, como carruseles, videos de larga duración, tutoriales, infografías y más. Mantén un ojo en las tendencias actuales y adapta tu contenido en consecuencia.

Crear contenido de calidad es esencial para atraer y retener a tu audiencia. La inversión en fotografía y edición, junto con la variedad y autenticidad en tus publicaciones, contribuirá significativamente a tu éxito como influencer. Recuerda que la calidad no se trata solo de la estética visual, sino también de la autenticidad y la narrativa que construyes en tu perfil.

Consistencia y Programación:

Establece una programación de publicación: Decide con qué frecuencia vas a publicar en cada red. Puede ser diariamente, varias veces a la semana o según una programación específica que se adapte a tu audiencia y estilo de vida.

Elige los mejores días y horas: Utiliza las analíticas de las redes para determinar cuándo tu audiencia está más activa. Publicar en los momentos en que tus seguidores están en línea aumenta la visibilidad de tus publicaciones.

Utiliza herramientas de programación: Emplea herramientas como Later, Buffer o Hootsuite para programar tus publicaciones con anticipación. Esto te permite mantener una programación regular incluso cuando estés ocupado.

Diversifica tu contenido: Asegúrate de que tu programación incluya una variedad de contenido, como fotos, videos, historias y transmisiones en vivo. La diversidad mantiene el interés de tu audiencia.

Planifica con anticipación: Crea un calendario editorial con anticipación. Esto te ayudará a mantener un flujo constante de contenido y a garantizar que tus publicaciones estén alineadas con tus objetivos y tu estrategia.

Sé coherente en tu estilo: Mantén una coherencia en tu estilo visual y de contenido. Esto hará que tu perfil sea más reconocible y memorable para tus seguidores.

Aprovecha los eventos y fechas importantes: Adapta tu programación para incluir contenido relevante en días especiales, festividades o eventos relacionados con tu nicho. Esto te ayudará a mantenerte actualizado y atractivo.

Interactúa con tu audiencia en los comentarios: Una vez que publiques, asegúrate de estar disponible para responder a los comentarios y participar en conversaciones con tus seguidores. Esto fomenta la interacción y la participación.

Aprende de tus estadísticas: Utiliza las estadísticas para evaluar el rendimiento de tus publicaciones. Identifica qué tipo de contenido funciona mejor y ajústalo en consecuencia.

Adapta tu programación según la evolución de tu audiencia: A medida que tu audiencia crece y cambia, es posible que debas ajustar tu programación y enfoque para satisfacer sus necesidades y preferencias en evolución.

La consistencia y la programación son esenciales para mantener el compromiso de tu audiencia y el crecimiento constante. Al crear una programación de publicación coherente, planificar con anticipación y adaptarte a las necesidades de tu audiencia, puedes mantener un perfil activo y atractivo que atraiga a seguidores leales y aumente tu influencia en las plataformas.

Colabora con Otros Influencers:

Identifica a los influencers adecuados: Investiga y encuentra otros influencers cuyo contenido y audiencia se alineen con tu nicho. Busca aquellos que compartan intereses similares o complementarios.

Establece una relación inicial: Comienza interactuando con los influencers que has identificado. Sigue sus cuentas, comenta en sus publicaciones y comparte sus contenidos. Esto ayudará a crear una relación inicial.

Propón colaboraciones relevantes: Cuando te sientas cómodo, acércate a los influencers con propuestas de colaboración específicas y relevantes. Esto podría incluir coorganizar un evento en vivo, realizar un desafío juntos o crear contenido conjunto.

Mantén la autenticidad: Asegúrate de que cualquier colaboración sea auténtica y esté en línea con tu nicho y valores. La autenticidad es clave para mantener la confianza de tu audiencia.

Define roles y expectativas claras: Antes de comenzar una colaboración, asegúrate de definir roles y expectativas claras. Esto incluye quién hace qué, cuándo se publicará el contenido y cómo se promocionará.

Aprovecha el alcance mutuo: Al colaborar, podrás acceder al alcance de tus compañeros influencers y llegar a nuevos seguidores interesados en tu contenido.

Promoción cruzada: Promociona la colaboración en tus cuentas y pide a tu compañero influencer que haga lo mismo. Esto aumentará la visibilidad de la colaboración.

Haz un seguimiento de los resultados: Después de completar una colaboración, analiza los resultados. Examina cómo impactó en tu crecimiento de seguidores, el compromiso de la audiencia y otras métricas relevantes.

Mantén relaciones a largo plazo: Si encuentras un influencer con quien te llevas bien y obtienes resultados positivos, considera mantener una relación a largo plazo. Colaborar de manera continua puede ser beneficioso tanto para ti como para tu audiencia.

Sé flexible y abierto a nuevas ideas: Las colaboraciones pueden tomar muchas formas, desde publicaciones en conjunto hasta transmisiones en vivo compartidas. Mantén la mente abierta y sé flexible para adaptarte a diferentes tipos de colaboraciones.

Planifica colaboraciones auténticas: En lugar de realizar colaboraciones superficiales, busca oportunidades que se alineen con tu contenido y valores, lo que garantizará que sean auténticas y bien recibidas por tu audiencia.

Colaborar con otros influencers puede ser una forma poderosa de aumentar tu alcance y llegar a nuevas audiencias. Sin embargo, es esencial que todas las colaboraciones sean genuinas y relevantes para tu nicho y valores. Al construir relaciones sólidas con otros influencers, puedes aprovechar sus conocimientos y experiencia para fortalecer tu presencia en tus redes.

Interactúa con tu Audiencia:

Respuestas a comentarios: Dedica tiempo a responder a los comentarios en tus publicaciones. Agradece a los seguidores por sus comentarios y responde a sus preguntas de manera auténtica y amigable.

Fomenta la conversación: En tus descripciones y leyendas, haz preguntas o plantea temas que fomenten la conversación. Invita a tus seguidores a compartir sus opiniones y experiencias.

Participa en conversaciones: No te limites a responder solo en tus publicaciones. Participa activamente en las conversaciones de otros perfiles relacionados con tu nicho o interés. Esto puede ayudarte a atraer nuevos seguidores.

Reconoce a tus seguidores leales: Haz un seguimiento de tus seguidores más leales y muestra tu aprecio por ellos. Puedes hacerlo mencionándolos en tus historias o destacando sus comentarios.

Organiza sesiones de preguntas y respuestas (Q&A): Realiza sesiones de preguntas y respuestas en vivo o a través de historias para permitir que tus seguidores te hagan preguntas en tiempo real. Esto fomenta la interacción y la participación.

Comparte historias de seguidores: Destaca el contenido generado por tus seguidores. Puedes compartir sus fotos o publicaciones en tus historias y agradecerles por su apoyo.

Promueve la retroalimentación: Pide a tus seguidores que te den retroalimentación sobre tu contenido o sobre lo que les gustaría ver en el futuro. Escuchar a tu audiencia puede ayudarte a mejorar y adaptar tu estrategia.

Sé auténtico: La autenticidad es clave en todas las interacciones. Muestra tu personalidad genuina y muestra interés sincero por tus seguidores.

Evita respuestas automáticas: Aunque es útil utilizar respuestas predefinidas en ciertas situaciones, evita respuestas automáticas excesivamente genéricas. Intenta personalizar tus respuestas siempre que sea posible.

Monitorea y responde a los mensajes directos (DMs): Presta atención a tus mensajes directos y responde a las preguntas o solicitudes de tus seguidores. Mantén una comunicación abierta y accesible.

La interacción con tu audiencia es esencial para construir relaciones sólidas y fomentar la lealtad de tus seguidores. Cuanto más interactúes de manera auténtica y positiva, más conectados se sentirán tus seguidores contigo y más comprometidos estarán con tu contenido. Esta interacción no solo fortalece tu presencia, sino que también te permite comprender mejor las necesidades y preferencias de tu audiencia.

Historias y Transmisiones en Vivo:

Historias atractivas: Crea historias que capten la atención de tu audiencia desde el primer segundo. Utiliza elementos visuales llamativos, como imágenes de alta calidad, gifs, emojis y texto creativo para mantener a los espectadores comprometidos.

Planifica tu narrativa: Antes de empezar una historia, planifica el contenido que deseas compartir. Asegúrate de que haya una narrativa coherente y una secuencia lógica en tus historias.

Utiliza funciones interactivas: Aprovecha las funciones interactivas de tus redes, como encuestas, preguntas y respuestas, deslizamientos y encuestas de emoji. Estas herramientas fomentan la participación de la audiencia.

Contenido detrás de escena: Comparte momentos detrás de escena de tu vida o trabajo. Los seguidores aprecian la autenticidad y la oportunidad de conocerte mejor.

Transmisiones en Vivo significativas: Al realizar transmisiones en vivo, anuncia con anticipación la hora y el tema para que tus seguidores puedan unirse. Responde preguntas en tiempo real y participa en conversaciones con tu audiencia.

Mantén una interacción activa: Durante las transmisiones en vivo, interactúa con tus espectadores. Saluda a quienes se unen, responde a sus comentarios y menciona a los seguidores por sus nombres cuando sea posible.

Ofrece valor en tiempo real: Aprovecha las transmisiones en vivo para ofrecer contenido exclusivo o valioso que tus seguidores no puedan obtener en otras partes. Esto puede incluir tutoriales, sesiones de preguntas y respuestas o la cobertura en vivo de eventos relevantes.

Haz promoción cruzada: Promociona tus transmisiones en vivo con anticipación en tus publicaciones e historias regulares para atraer una audiencia más amplia.

Guarda las historias destacadas: Utiliza la función de Historias Destacadas para organizar y archivar las historias más importantes y valiosas que compartes. Esto permite que los nuevos seguidores vean tu contenido más relevante.

Analiza las estadísticas: Después de publicar historias, revisa las estadísticas para evaluar la participación y el alcance. Esto te ayudará a comprender qué tipo de contenido funciona mejor en tus historias.

El uso estratégico de Historias y Transmisiones en Vivo puede aumentar el compromiso de tu audiencia y mantenerla interesada en tu contenido. Aprovecha estas funciones para crear conexiones más profundas con tus seguidores, ofrecer contenido valioso y mostrar tu personalidad auténtica.

Monetización Fuera de las redes.

Colaboraciones con marcas:

Identifica marcas relevantes: Busca marcas que se alineen con tu nicho y estilo. Las colaboraciones deben tener sentido para tu audiencia.

Negocia contratos claros: Al establecer colaboraciones, asegúrate de negociar contratos claros que incluyan detalles sobre el contenido, el calendario y la compensación.

Mantén la autenticidad: Evita promocionar productos o servicios que no sean auténticos para ti. La autenticidad es clave para mantener la confianza de tu audiencia.

Venta de productos y servicios:

Crea productos relacionados: Si tienes un nicho específico, considera la posibilidad de crear productos o servicios relacionados. Por ejemplo, si eres un influencer de fitness, podrías vender planes de entrenamiento personalizados.

Utiliza enlaces de afiliados: Promociona productos o servicios a través de enlaces de afiliados y gana comisiones por cada venta generada desde tus recomendaciones.

Desarrolla un sitio web o tienda en línea: Si vendes productos físicos o digitales, considera la posibilidad de tener tu propio sitio web o tienda en línea para gestionar las ventas de manera eficiente.

Servicios de consultoría o coaching:

Comparte tus conocimientos: Si eres un experto en tu nicho, ofrece servicios de consultoría o coaching en línea para ayudar a otros a alcanzar sus metas.

Establece tarifas competitivas: Investiga las tarifas de otros profesionales en tu campo y establece precios competitivos para tus servicios.

Promociona tu experiencia: Utiliza tus perfiles para demostrar tu experiencia y mostrar ejemplos de tu trabajo.

Ventas de cursos y contenido educativo:

Crea contenido educativo: Desarrolla cursos en línea, ebooks o contenido educativo que sea relevante para tu audiencia.

Utiliza plataformas de aprendizaje en línea: Plataformas como Udemy o Teachable te permiten alojar y vender tus cursos en línea.

Promociona tus cursos: Utiliza tus redes para promocionar tus cursos y muestra testimonios de estudiantes satisfechos.

Donaciones y membresías:

Ofrece contenido exclusivo: Crea contenido exclusivo para tus seguidores más leales y ofréceles la opción de convertirse en miembros de pago.

Usa plataformas de donaciones: Plataformas como Patreon te permiten recibir donaciones de tus seguidores a cambio de beneficios exclusivos.

Agradece a tus seguidores: Reconoce y agradece a tus seguidores que apoyan financieramente tu trabajo.

La monetización fuera de tus redes puede proporcionarte ingresos adicionales y convertir tu presencia en línea en una fuente de ingresos estable. Sin embargo, es importante que cualquier forma de monetización que elijas sea relevante para tu nicho y que mantengas la autenticidad en todas tus colaboraciones y promociones. Además, cumple con todas las regulaciones y requisitos legales relacionados con la monetización en línea.

Colaboraciones con Marcas:

Identifica tu nicho y audiencia: Antes de buscar colaboraciones con marcas, asegúrate de comprender tu nicho y la audiencia a la que te diriges. Esto te ayudará a encontrar marcas que se alineen con tus intereses y valores.

Crea un kit de medios o un perfil de colaboración: Prepara un kit de medios que incluya información sobre tus perfiles, estadísticas de audiencia, tarifas de colaboración y ejemplos de colaboraciones anteriores. También puedes crear un perfil de colaboración si la función está disponible.

Investiga marcas relevantes: Investiga y encuentra marcas que sean relevantes para tu audiencia y nicho. Utiliza hashtags y búsquedas para identificar posibles socios.

Contacta a las marcas: Una vez que identifiques marcas adecuadas, contáctalas a través de correo electrónico o mensajes directos. Presenta tu propuesta de colaboración de manera clara y profesional.

Negocia los detalles: Al negociar con las marcas, asegúrate de discutir los detalles clave, como el tipo de contenido, las fechas de publicación, la compensación y cualquier requisito específico que tengan.

Mantén la autenticidad: Solo colabora con marcas y productos que realmente te interesen y que sean relevantes para tu audiencia. La autenticidad es crucial para mantener la confianza de tus seguidores.

Cumple con los plazos: Cumple con los plazos acordados en tus colaboraciones. Esto demuestra profesionalismo y ayuda a establecer relaciones sólidas con las marcas.

Crea contenido de calidad: Asegúrate de que el contenido que crees para las colaboraciones sea de alta calidad y refleje tu estilo personal. Utiliza tu creatividad para destacar.

Divulga las colaboraciones: Cuando publiques contenido en colaboración con una marca, asegúrate de etiquetar a la marca y utilizar los hashtags o menciones adecuados. Esto aumenta la visibilidad de la colaboración.

Evalúa el rendimiento: Después de completar una colaboración, analiza el rendimiento utilizando estadísticas y métricas. Comparte estos resultados con la marca para demostrar el impacto de la colaboración.

Mantén relaciones a largo plazo: Si tienes una colaboración exitosa con una marca, considera la posibilidad de establecer una relación a largo plazo. Las colaboraciones continuas pueden ser beneficiosas tanto para ti como para la marca.

Colaborar con marcas puede ser una forma efectiva de monetizar tu presencia en redes y generar ingresos. Sin embargo, es esencial que todas las colaboraciones sean auténticas y relevantes para tu audiencia. Mantén una comunicación clara y profesional con las marcas y asegúrate de cumplir con los compromisos acordados en tus colaboraciones.

Analiza y Aprende.

Utiliza las estadísticas:

Familiarízate con las métricas: Las estadísticas proporcionan información valiosa sobre el rendimiento de tus cuentas, incluyendo el alcance, la interacción y la demografía de tu audiencia. Aprende a interpretar estas métricas.

Realiza un seguimiento constante: Revisa tus estadísticas de forma regular para identificar tendencias y patrones. Observa qué tipo de contenido obtiene más interacción y cuándo es el mejor momento para publicar.

Ajusta tu estrategia: Utiliza los datos para ajustar tu estrategia. Si notas que ciertos tipos de publicaciones funcionan mejor, incorpóralos con más frecuencia en tu plan de contenido.

Escucha a tu audiencia:

Leer comentarios y mensajes: Presta atención a los comentarios en tus publicaciones y a los mensajes directos de tus seguidores. Escuchar a tu audiencia te permite comprender sus necesidades y deseos.

Realiza encuestas y preguntas: Utiliza funciones como las encuestas en las historias para obtener feedback directo de tu audiencia. Pregúntales qué les gustaría ver más o qué temas les interesan.

Analiza a la competencia:

Estudia a otros influencers: Observa a otros influencers en tu nicho y analiza lo que están haciendo bien. Identifica estrategias exitosas que puedas adaptar a tu propio enfoque.

No copies, innova: Si bien es útil aprender de la competencia, no copies sus estrategias directamente. En lugar de eso, busca maneras de innovar y destacar.

Mantén una mentalidad de aprendizaje:

Investiga y sigue aprendiendo: El mundo de las redes sociales está en constante evolución. Investiga y mantente al día con las últimas tendencias, cambios en algoritmos y nuevas características de tus redes.

Prueba nuevas ideas: No tengas miedo de probar nuevas ideas y experimentar con diferentes tipos de contenido. Algunas de tus mejores estrategias pueden surgir de la experimentación.

Aprende de los errores: Si cometes errores o enfrentas desafíos, tómalos como oportunidades de aprendizaje. Reflexiona sobre lo que salió mal y cómo puedes evitarlo en el futuro.

Establece objetivos claros:

Define tus metas: Establece objetivos claros para tu presencia en Instagram. ¿Quieres aumentar tus seguidores, mejorar la interacción o generar ingresos? Define tus metas y trabaja hacia ellas.

Mide tu progreso: Utiliza métricas específicas para medir tu progreso hacia tus objetivos. Ajusta tus estrategias según sea necesario para alcanzar tus metas.

Evalúa y ajusta tu estrategia:

Realiza revisiones periódicas: Programa revisiones periódicas de tu estrategia en Instagram. A medida que analices y aprendas, ajusta tu enfoque para adaptarte a las cambiantes necesidades de tu audiencia y del mercado.

Sé paciente: El crecimiento en las redes sociales puede llevar tiempo. No te desanimes si los resultados no son inmediatos. Mantén un enfoque a largo plazo.

El análisis constante y el aprendizaje son fundamentales para mejorar tu presencia en redes y alcanzar tus objetivos. Utiliza las estadísticas, escucha a tu audiencia, analiza a la competencia y mantén una mentalidad de aprendizaje continuo. A medida que ajustes y optimices tu estrategia en función de lo que aprendas, estarás en camino de construir una presencia sólida y exitosa en cualquier plataforma.

Hashtags Estratégicos.

Investigación de Hashtags:

Identifica hashtags relevantes: Investiga y encuentra hashtags relevantes para tu nicho o contenido. Utiliza herramientas como Hashtagify o la propia función de búsqueda de las redes.

Evalúa la popularidad: No te limites a utilizar los hashtags más populares. También considera hashtags de nicho que tengan una audiencia comprometida.

Varía la cantidad: Utiliza una combinación de hashtags populares y específicos de nicho en tus publicaciones. Esto ampliará tu alcance y te ayudará a llegar a diferentes audiencias.

Crea listas de hashtags:

Organiza tus hashtags: Crea listas de hashtags específicas para diferentes tipos de contenido o temas. Esto te permitirá ahorrar tiempo al copiar y pegar los grupos relevantes.

Actualiza tus listas: Revisa y actualiza regularmente tus listas de hashtags para mantenerlas relevantes y efectivas.

Evita spam de hashtags:

No uses demasiados: Evita el exceso de hashtags en tus publicaciones, ya que esto puede parecer spammy. Un buen número es entre 5 y 15 hashtags por publicación.

Relevancia es clave: Asegúrate de que los hashtags que elijas sean relevantes para el contenido de tu publicación. No uses hashtags solo porque son populares si no se relacionan con tu contenido.

Hashtags en la descripción y comentarios:

Ubicación de hashtags: Puedes colocar los hashtags en la descripción de la publicación o en un comentario debajo de la publicación. Ambas ubicaciones funcionan, así que elige la que más te convenga.

Estilo de escritura: Integra los hashtags de forma natural en el texto de la descripción o el comentario. Evita parecer que estás "rellenando" con hashtags.

Monitorea el rendimiento:

Analiza el rendimiento: Utiliza las estadísticas de las redes para analizar qué hashtags generan más impresiones y compromiso en tus publicaciones.

Ajusta tu estrategia: Basándote en los resultados, ajusta tu estrategia de hashtags. Si ciertos hashtags funcionan bien, continúa utilizándolos en tus publicaciones futuras.

Hashtags en historias:
Utiliza hashtags en historias: Puedes incluir hashtags relevantes en tus historias de Instagram. Esto aumenta la visibilidad de tus historias y las hace accesibles para quienes buscan contenido relacionado.

No exageres: No utilices demasiados hashtags en tus historias, ya que puede dificultar la lectura. Unos pocos hashtags relevantes son suficientes.

Usar hashtags estratégicos puede aumentar la visibilidad de tus publicaciones en tus redes y ayudarte a llegar a una audiencia más amplia. Sin embargo, es importante elegir y utilizar los hashtags con cuidado, asegurándote de que sean relevantes y de alta calidad para tu contenido. La investigación y el monitoreo constantes son esenciales para una estrategia efectiva de hashtags en Instagram.

Capítulo 4

Cómo Crear un Podcast Exitoso

Comenzando con tu Podcast

Tema y Audiencia Objetivo: Antes de comenzar, elige un tema que te apasione y que tenga un público interesado. Define tu audiencia objetivo y comprende sus necesidades e intereses.

Ejemplo: Si eres un apasionado de la cocina, podrías crear un podcast de cocina dirigido a amantes de la gastronomía.

La elección del tema y la audiencia objetiva es uno de los pasos más cruciales para la creación de un podcast exitoso. Aquí tienes una guía detallada sobre cómo seleccionar el tema adecuado y definir tu audiencia objetivo:

Paso 1: Identifica Tus Pasiones e Intereses: Comienza por considerar tus propias pasiones e intereses. El podcasting es más sostenible cuando estás entusiasmado con el tema que tratas, ya que esto se reflejará en tu entusiasmo y compromiso.

Ejemplo: Si eres un entusiasta de la tecnología y la innovación, podrías considerar un podcast sobre nuevas tendencias tecnológicas.

Paso 2: Investiga y Analiza el Mercado: Realiza una investigación exhaustiva sobre el mercado de los podcasts. Investiga qué temas son populares y cuáles tienen una audiencia comprometida. Examina otros podcasts en tu nicho para comprender qué están haciendo bien.

Ejemplo: Puedes buscar en plataformas como Apple Podcasts o Spotify para identificar los podcasts más populares en el ámbito de la tecnología.

Paso 3: Define tu Audiencia Objetiva: Es fundamental conocer a quién te diriges. Define con precisión quiénes son tus oyentes ideales. Considera factores como la edad, el género, la ubicación, los intereses y los problemas que enfrentan.

Ejemplo: Si estás creando un podcast de tecnología, tu audiencia objetivo podría ser profesionales de la tecnología, estudiantes de informática o entusiastas de los gadgets.

Paso 4: Encuentra la Intersección: Busca la intersección entre tus pasiones/intereses y las necesidades/intereses de tu audiencia objetivo. El tema de tu podcast debería estar en ese punto de encuentro.

Ejemplo: Si eres un amante de la tecnología (tu pasión) y tu audiencia objetivo son profesionales de la tecnología (su necesidad), tu tema podría centrarse en brindarles información y consejos relevantes sobre tecnología.

Paso 5: Valida tu Elección: Prueba tu idea de podcast con amigos, familiares o colegas que sean representativos de tu audiencia objetivo. Pídeles su opinión y retroalimentación sobre el tema propuesto.

Ejemplo: Haz una presentación rápida del concepto de tu podcast a personas que trabajen en tecnología y evalúa su nivel de interés.

Paso 6: Refina tu Propuesta: Refina y delimita aún más tu propuesta de podcast. Define claramente el enfoque y el valor que proporcionarás a tu audiencia. Esto te ayudará a crear contenido coherente y atractivo.

Ejemplo: Si decides que tu podcast se centrará en las últimas tendencias tecnológicas para profesionales, puedes prometer análisis profundos de productos y entrevistas con expertos en el campo.

Paso 7: Investiga y Planifica: Investiga más sobre tu tema y comienza a planificar tus episodios. Identifica posibles invitados, temas de episodios y estructura de contenido.

Ejemplo: Si tu podcast trata sobre tecnología, puedes planificar episodios sobre inteligencia artificial, dispositivos móviles, ciberseguridad, etc.

Paso 8: Comienza a Crear: Una vez que tengas una idea clara de tu tema y tu audiencia, comienza a crear contenido de calidad. Graba tus episodios, edita el audio y diseña la imagen de tu podcast.

Ejemplo: Graba tu primer episodio piloto y compártelo con amigos cercanos para obtener retroalimentación antes de lanzar oficialmente tu podcast.

Seleccionar el tema y la audiencia objetivo adecuados es esencial para el éxito de tu podcast. Asegúrate de que estés apasionado por el tema y que estés satisfaciendo las necesidades e intereses de tu audiencia. Con un enfoque claro y contenido de calidad, estarás en el camino correcto para crear un podcast exitoso.

Planificación y Estructura.

La planificación y estructura de un podcast son esenciales para crear un contenido atractivo y coherente que mantenga a tu audiencia comprometida. A continuación, se detalla una guía amplia sobre cómo planificar y estructurar un podcast exitoso, junto con consejos y ejemplos:

Paso 1: Establece Objetivos Claros: Antes de comenzar, define los objetivos de tu podcast. ¿Qué quieres lograr con él? Esto te ayudará a darle dirección y propósito.

Paso 2: Define tu Audiencia: Asegúrate de comprender a tu audiencia objetivo. ¿Quiénes son? ¿Qué les interesa? Esto te ayudará a adaptar tu contenido a sus necesidades.

Paso 3: Elige un Formato de Podcast: Hay varios formatos de podcast, como entrevistas, narración de historias, debates, monólogos, etc. Elige el que mejor se adapte a tu tema y estilo.

Paso 4: Diseña la Estructura de tus Episodios:

La estructura típica de un episodio de podcast incluye:

- **Introducción:** Presenta el tema del episodio y da la bienvenida a los oyentes. Puedes incluir una breve descripción de lo que discutirás.

- **Contenido Principal:** Aquí es donde profundizas en el tema. Divide el contenido en secciones o segmentos para facilitar la comprensión.

- **Pausas y Anuncios:** Considera la inclusión de pausas para anuncios o mensajes promocionales. Esto es donde puedes monetizar tu podcast.

- **Cierre:** Resumen los puntos clave del episodio y agradéceles a los oyentes por escuchar. Puedes incluir llamados a la acción, como pedir reseñas o suscripciones.

Paso 5: Define la Duración y Frecuencia: Decide cuánto tiempo durarán tus episodios y con qué frecuencia los publicarás. Mantén una consistencia en tus lanzamientos.

Paso 6: Guión o Esquema: Crea un guión o esquema para cada episodio. Esto te ayudará a mantener el flujo y a asegurarte de cubrir todos los puntos importantes.

Paso 7: Calidad de Audio: Asegúrate de contar con equipos de grabación de calidad para obtener un audio claro y profesional. Evita ruidos de fondo y asegúrate de que la voz sea clara.

Paso 8: Edición de Audio: Edita tus episodios para eliminar pausas incómodas, errores o sonidos no deseados. Utiliza software de edición de audio como Audacity o Adobe Audition.

Paso 9: Diseño de Portada y Descripción: Diseña una portada atractiva para tu podcast y crea una descripción convincente que explique de qué trata y por qué deberían escucharlo.

Paso 10: Programación de Publicación: Planifica tus lanzamientos con anticipación y sigue un horario regular. Esto ayuda a construir una audiencia leal.

Paso 11: Interacción con la Audiencia: Anima a tus oyentes a interactuar contigo a través de preguntas, comentarios o redes sociales. Responde a sus preguntas y retroalimentación.

Paso 12: Promoción: Promociona tus episodios en redes sociales, tu sitio web y otras plataformas relevantes. Considera la posibilidad de colaborar con otros podcasters o influenciadores para aumentar tu visibilidad.

Consejos Adicionales:

- Mantén tus episodios centrados en un tema específico y no te desvíes demasiado.

- Practica la narración y la dicción para mejorar tu habilidad como presentador.

- Sé auténtico y muestra tu personalidad en tu podcast. La autenticidad puede conectar con los oyentes.

Ejemplo: Supongamos que estás creando un podcast de viajes. Tu estructura de episodio podría ser la siguiente:

- Introducción: Saludo y presentación del destino del episodio.

- Contenido Principal: Historias de viajes, consejos para el destino, anécdotas personales.

- Pausas y Anuncios: Un breve anuncio sobre tu sitio web de viajes o un mensaje promocional.

- Cierre: Resumen de los aspectos más destacados del destino y una invitación a seguirte en redes sociales.

- Recuerda que la planificación y la estructura son esenciales para mantener la coherencia y la calidad en tu podcast. A medida que ganes experiencia, podrás ajustar y mejorar tu formato según las necesidades de tu audiencia.

Diseña la estructura de tu podcast: Decide la duración de los episodios, la frecuencia de publicación y crea un plan de contenido sólido.

Ejemplo: Puedes optar por episodios semanales de 30 minutos con un formato de entrevista a chefs famosos.

Nombre y Marca: Elije un nombre atractivo y memorable para tu podcast. Diseña una marca visual y sonora que represente tu estilo y tema.

Ejemplo: "Delicias en el Fogón: Conversaciones Culinarias con [Tu Nombre]."

Equipamiento y Software: Adquiere el equipo necesario, que incluye un micrófono de calidad, auriculares, y una computadora con software de edición de audio.

Ejemplo: Un micrófono USB Blue Yeti y el software de edición Audacity son opciones populares para principiantes.

Creación de Contenido de Calidad.

Guiones y Preparación: Crea guiones para tus episodios que incluyan una introducción atractiva, contenido principal y un cierre. Investiga y prepárate para cada episodio.

Ejemplo: Investiga las tendencias culinarias actuales y prepara preguntas interesantes para tus invitados.

Producción y Edición: Graba tus episodios en un lugar tranquilo y sin ruidos de fondo. Edita tus grabaciones para mejorar la calidad y eliminar errores.

Ejemplo: Utiliza software de edición para ajustar el volumen, eliminar pausas incómodas y agregar música de fondo.

Arte del Podcast: Diseña una portada atractiva para tu podcast y crea una descripción atractiva que explique de qué trata.

Ejemplo: La portada podría mostrar imágenes de platos deliciosos y utensilios de cocina.

Publicación Exitosa de un Podcast.

La publicación y promoción exitosa son fundamentales para que tu podcast alcance a una audiencia más amplia y tenga éxito. A continuación, te proporciono una guía detallada sobre cómo publicar y promocionar tu podcast de manera efectiva, junto con consejos y ejemplos:

1. Hosting y Distribución: Utiliza una plataforma de hosting de podcast confiable para alojar tus episodios. Algunas opciones populares incluyen Libsyn, Podbean, Anchor y Podomatic. Estas plataformas te ayudarán a distribuir automáticamente tus episodios en múltiples directorios de podcasts, como Apple Podcasts, Spotify, Google Podcasts y más.

2. Programación Consistente: Establece una frecuencia de publicación coherente y cúmplela. Esto puede ser semanal, quincenal o mensual. La consistencia ayuda a mantener el interés de tu audiencia.

3. Optimización de Metadatos: Completa los metadatos de cada episodio, incluyendo título, descripción y etiquetas relevantes. Asegúrate de que la información sea precisa y atractiva para los oyentes.

4. Arte y Diseño Atractivo: Diseña una portada de podcast atractiva y profesional. Esta es la primera impresión que los oyentes tienen de tu podcast, así que asegúrate de que sea visualmente atractiva y refleje la esencia de tu programa.

Promoción Exitosa de un Podcast:

1. Redes Sociales: Crea perfiles de redes sociales dedicados a tu podcast en plataformas como Instagram, Twitter, Facebook y LinkedIn. Comparte contenido relacionado con tus episodios, como clips destacados, imágenes promocionales y actualizaciones sobre próximos lanzamientos.

2. Colaboraciones con Influencers: Colabora con otros podcasters o influenciadores en tu nicho. Invítalos como invitados en tu programa o participa en programas de otros. Esto te ayudará a llegar a nuevas audiencias.

3. Blog y Sitio Web: Si tienes un sitio web relacionado con tu podcast, crea publicaciones de blog que complementen tus episodios. Promociona tu podcast en tu sitio web y utiliza la función de suscripción por correo electrónico para mantener a los oyentes informados sobre nuevos episodios.

4. Boletines de Noticias: Envía boletines de noticias periódicos a tu lista de correo electrónico para mantener a tus oyentes comprometidos. Incluye actualizaciones sobre episodios, invitados futuros y noticias relevantes.

5. Comunidad en Línea: Crea una comunidad en línea para tus oyentes, ya sea en plataformas de redes sociales o en un foro dedicado a tu podcast. Fomenta la participación y la interacción entre los oyentes.

6. Participación en Eventos y Entrevistas: Participa en eventos relacionados con tu nicho y busca oportunidades para dar entrevistas en otros programas de podcast. Esto te ayudará a aumentar tu visibilidad y autoridad en tu campo.

7. Anuncios y Publicidad: Considera invertir en anuncios pagados en redes sociales o en plataformas de publicidad de podcast para promocionar tu programa a un público más amplio.

8. Pide Reseñas y Retroalimentación: Anima a tus oyentes a dejar reseñas y retroalimentación en plataformas de podcasts. Las reseñas positivas pueden aumentar la visibilidad de tu podcast.

Ejemplo: Imagina que estás promocionando un podcast de viajes. Algunas estrategias de promoción podrían incluir:

- En Instagram, compartes fotos de tus viajes y promocionas tus episodios con hashtags relacionados con viajes como #WanderlustWednesday.

- Colaboras con un influenciador de viajes para que te entreviste en su propio podcast y compartas su episodio en tus redes sociales.

- Publicas blogs en tu sitio web sobre destinos de viaje populares y vinculas esos artículos a los episodios relevantes de tu podcast.

- Envías boletines de noticias mensuales a tu lista de correo electrónico con actualizaciones sobre tus viajes y episodios más recientes.

- Te unes a comunidades de viajes en línea y participas activamente en discusiones relacionadas con destinos.

La promoción exitosa de un podcast requiere tiempo y esfuerzo constante. Experimenta con diferentes estrategias y mide el rendimiento para ajustar tu enfoque a medida que creces y construyes tu audiencia. Recuerda que la interacción con la comunidad y la autenticidad son clave para construir relaciones duraderas con tus oyentes.

Monetización y Éxito.

La monetización de un podcast puede llevarse a cabo de diversas formas. A continuación, te explicaré cómo puedes monetizar tus podcasts tanto dentro como fuera de las redes, además de otras oportunidades de monetización:

Monetización Dentro de las Redes Sociales:

Anuncios y Patrocinadores: Puedes asociarte con marcas relacionadas con tu nicho y ofrecer espacios publicitarios en tus episodios. Las marcas pagarán por la promoción de sus productos o servicios en tu podcast.

Colaboraciones con Influencers: Si tienes una audiencia considerable en redes sociales, puedes colaborar con otras personas influyentes para promocionar productos o servicios. Esto puede incluir acuerdos de intercambio o pagados.

Contenido Premium: Ofrece contenido exclusivo a tus seguidores en redes sociales a través de suscripciones o membresías pagadas. Esto puede incluir episodios adicionales, acceso temprano o contenido detrás de escena.

Monetización Fuera de las Redes Sociales:

Plataformas de Podcasting: Algunas plataformas de alojamiento de podcasts, como Patreon o Supercast, te permiten ofrecer contenido exclusivo a cambio de una tarifa mensual de suscripción.

Venta de Merchandising: Crea y vende productos relacionados con tu podcast, como camisetas, tazas o libros. Utiliza tus redes sociales para promocionar estos productos.

Afiliados: Promociona productos o servicios a través de programas de afiliados. Gana comisiones por cada venta generada a través de tus recomendaciones.

Monetización a través de Radio y Web:

Transmisión en Vivo: Realiza transmisiones en vivo de tus episodios en plataformas como YouTube o Twitch. Aprovecha las donaciones y la publicidad en vivo.

Venta de Espacios Publicitarios en el Sitio Web: Si tienes un sitio web relacionado con tu podcast, puedes vender espacios publicitarios en él. Las marcas pueden comprar banners o anuncios en tu sitio.

Conferencias y Eventos en Vivo: Organiza conferencias o eventos en vivo relacionados con tu actividad.

Monetización a través de Radio Tradicional:

Sindicación de Contenido: Si tu podcast es exitoso, puedes considerar la sindicación de contenido en estaciones de radio locales o nacionales. Las estaciones pueden pagar por transmitir tus episodios.

Programas de Radio En Vivo: Si tienes experiencia en podcasting, puedes explorar la oportunidad de tener un programa de radio en vivo. Las estaciones de radio pueden pagarte por ser el anfitrión.

Sin embargo, ten en cuenta que la monetización exitosa de un podcast lleva tiempo y esfuerzo. Debes construir una audiencia sólida y ofrecer contenido de calidad antes de poder atraer a anunciantes y patrocinadores. Además, es importante mantener la autenticidad y la relevancia en todas las oportunidades de monetización para mantener la confianza de tu audiencia.

Finalmente, la estrategia de monetización que elijas dependerá de tus objetivos y de la audiencia que hayas construido. Explora varias opciones y ajusta tu enfoque a medida que creces y te conectas con tu audiencia.

Medición del éxito

La medición adecuada de un podcast es esencial para evaluar su éxito y tomar decisiones informadas sobre cómo mejorar y crecer. Aquí te explico cómo realizar la medición de un podcast de manera efectiva:

1. Analítica de Plataforma de Alojamiento: La mayoría de las plataformas de hosting de podcasts ofrecen analíticas básicas que te proporcionan datos sobre el rendimiento de tus episodios. Estos datos pueden incluir el número de descargas, la ubicación de tus oyentes, las aplicaciones utilizadas para escuchar y el tiempo de escucha promedio. Utiliza esta información para tener una visión general de tu audiencia.

2. Seguimiento de Descargas: Realiza un seguimiento regular de las descargas de tus episodios. Esto te permitirá identificar patrones de crecimiento o declive en tu audiencia. Puedes utilizar herramientas como Google Analytics para rastrear el tráfico a tu sitio web o enlaces de episodios.

3. Análisis de Plataformas de Escucha: Examina en qué plataformas tus oyentes consumen tu contenido. Esto puede ayudarte a adaptar tu estrategia de promoción y distribución. Por ejemplo, si descubres que la mayoría de tus oyentes utilizan Apple Podcasts, puedes enfocarte en promocionar tu podcast en esa plataforma.

4. Retención de Audiencia: Observa el tiempo de escucha promedio por episodio. Una alta retención de audiencia indica que tus oyentes están

comprometidos con tu contenido. Identifica los episodios que tienen una retención más alta y trata de replicar lo que funcionó en ellos.

5. Comentarios y Retroalimentación: Fomenta los comentarios y retroalimentación de tus oyentes. Las reseñas en plataformas de podcast y los comentarios en redes sociales pueden proporcionarte valiosos insights sobre lo que tu audiencia disfruta y lo que puede necesitar mejorarse.

6. Monitoreo de Redes Sociales: Observa las menciones y discusiones relacionadas con tu podcast en redes sociales. Esto te dará una idea de la conversación en torno a tu contenido y te ayudará a identificar oportunidades de participación con tu audiencia.

7. Encuestas y Cuestionarios: Realiza encuestas o cuestionarios a tus oyentes para recopilar información sobre sus preferencias y opiniones. Puedes preguntar sobre temas que les gustaría escuchar, frecuencia de publicación deseada, etc.

8. Colaboración con Anunciantes: Si trabajas con anunciantes, asegúrate de proporcionarles datos precisos sobre tu audiencia, como tamaño, demografía y ubicación. Esto ayudará a atraer a anunciantes adecuados.

9. Establece Objetivos Medibles: Define objetivos claros para tu podcast, como aumentar las descargas en un cierto porcentaje o mejorar la retención de audiencia. Luego, realiza un seguimiento de tu progreso hacia estos objetivos.

10. A/B Testing: Experimenta con diferentes enfoques en tus episodios y mide cómo afectan a tu audiencia. Por ejemplo, puedes probar diferentes títulos de episodios, estructuras de contenido o frecuencias de publicación.

Ejemplo: Supongamos que tienes un podcast de nutrición y bienestar. Después de analizar tus datos, descubres que los episodios que presentan entrevistas con expertos en nutrición tienen una mayor retención de audiencia que los episodios de monólogos. Basándote en esta información, decides incluir más entrevistas en tu programa.

En resumen, la medición de un podcast implica el seguimiento de métricas clave y la interpretación de datos para tomar decisiones informadas. A medida que recopiles y analices más información sobre tu audiencia y el rendimiento de tu podcast, podrás ajustar tu estrategia y mejorar la calidad de tu contenido, lo que contribuirá al éxito continuo de tu podcast.

Capítulo 5

Marketing, E-commerce, Agencias de publicidad

Marketing

El marketing en redes sociales es una disciplina esencial en el mundo actual, tanto para individuos como para empresas. Desde principiantes hasta profesionales y agencias de publicidad, todos pueden beneficiarse de las estrategias de marketing en redes sociales. A continuación, describiré cómo abordar el marketing en redes sociales desde diferentes perspectivas:

Marketing en Redes Sociales para Principiantes:

Elección de Plataformas: Comienza por seleccionar las redes sociales adecuadas para tu objetivo. Las plataformas populares incluyen Facebook, Instagram, Twitter, LinkedIn y Pinterest. Investiga dónde se encuentra tu audiencia principal.

Creación de Contenido: Crea contenido relevante y atractivo para tu audiencia. Esto puede incluir publicaciones de texto, imágenes, videos y otros formatos. Mantén una voz y un estilo coherentes en todas tus publicaciones.

Interacción con la Audiencia: Responde a los comentarios, mensajes y menciones de tus seguidores. La interacción aumenta la confianza y la lealtad del público.

Programación de Publicaciones: Utiliza herramientas de programación para planificar tus publicaciones en horarios óptimos para tu audiencia.

Uso de Hashtags: Investiga y utiliza hashtags relevantes para aumentar la visibilidad de tus publicaciones.

Marketing en Redes Sociales para Intermedios:

Desarrollo de Estrategia: Crea una estrategia de marketing en redes sociales sólida que incluya objetivos claros, segmentación de audiencia y métricas de seguimiento.

Publicidad Pagada: Experimenta con publicidad paga en redes sociales, como anuncios de Facebook o promociones en Instagram. Aprende a establecer presupuestos y realizar un seguimiento de los resultados.

Herramientas de Analítica: Utiliza herramientas de análisis de redes sociales, como Facebook Insights o Google Analytics, para medir el rendimiento de tus campañas y ajustar tu estrategia en consecuencia.

Marketing de Contenidos: Crea una estrategia de marketing de contenidos que incluya blogs, infografías y videos. Comparte contenido útil y valioso para tu audiencia.

Colaboraciones: Colabora con influencers o socios relevantes para llegar a nuevas audiencias y fortalecer tu presencia en línea.

Marketing en Redes Sociales para Profesionales y Agencias:

Investigación de Mercado: Realiza investigaciones de mercado exhaustivas para comprender a fondo a tu audiencia y competidores. Utiliza análisis de datos avanzados para informar tus decisiones.

Automatización: Utiliza herramientas de automatización de marketing para programar publicaciones, responder automáticamente a mensajes y realizar seguimiento de campañas de correo electrónico.

Campañas de Publicidad Estratégicas: Diseña campañas publicitarias altamente segmentadas y personalizadas que generen conversiones y ROI positivo.

Marketing Omnicanal: Integra estrategias de marketing en redes sociales con otras tácticas de marketing, como SEO, PPC y marketing por correo electrónico, para crear una estrategia omnicanal cohesiva.

Gestión de Crisis: Desarrolla un plan de gestión de crisis para abordar situaciones difíciles en las redes sociales y proteger la reputación de tu marca.

Formación y Actualización Continua: Mantente al tanto de las últimas tendencias en marketing en redes sociales a través de cursos y capacitación continua. El panorama de las redes sociales evoluciona constantemente.

Cualquiera que sea tu nivel de experiencia en marketing en redes sociales, es importante recordar que la autenticidad, la consistencia y la empatía con tu audiencia son fundamentales. Además, la medición y el análisis de datos son clave para evaluar el éxito y ajustar tu estrategia. El marketing en redes sociales es una disciplina en constante evolución, y la adaptabilidad es una habilidad valiosa para aquellos que desean sobresalir en este campo.

Social Commerce

La interacción entre las redes sociales y el comercio electrónico, conocida como social commerce, ha evolucionado significativamente en los últimos años y ofrece oportunidades importantes para influencers y marcas. Aquí te explico cómo se entrelazan estas dos áreas y su importancia para diferentes niveles de influencers:

Principiantes:

Promoción de Productos: Los influencers principiantes pueden aprovechar sus redes sociales para promocionar productos o servicios relacionados con su nicho. Pueden colaborar con marcas y recibir comisiones por las ventas generadas a través de sus enlaces de afiliados.

Venta de Productos Propios: Algunos influencers principiantes crean sus propios productos o servicios y los promocionan en sus redes sociales.

Pueden utilizar plataformas de comercio electrónico como Shopify o Etsy para configurar sus tiendas en línea.

Medios:

Colaboraciones con Marcas: Los influencers de nivel medio pueden establecer colaboraciones más lucrativas con marcas. Esto puede incluir la promoción de productos en sus publicaciones o la creación de contenido patrocinado que dirija a los seguidores a las páginas de compra.

Comercio Electrónico Directo: Algunos influencers de nivel medio diversifican sus ingresos creando sus propias tiendas en línea. Pueden vender productos relacionados con su nicho o incluso mercancía con su marca personal.

Avanzados:

Tiendas en Línea Especializadas: Los influencers avanzados a menudo tienen la capacidad de crear tiendas en línea especializadas con una variedad de productos cuidadosamente seleccionados. Pueden utilizar plataformas de comercio electrónico más avanzadas y personalizadas.

Ventas de Alto Valor: Los influencers avanzados pueden promocionar productos de alto valor y obtener comisiones sustanciales por cada venta. Esto es especialmente relevante en nichos como la moda, la tecnología o el lujo.

Importancia Monetaria:

Comisiones de Afiliados: Los influencers pueden ganar comisiones por cada venta generada a través de sus enlaces de afiliados. Esto puede convertirse en una fuente significativa de ingresos, especialmente para aquellos con una audiencia comprometida.

Ingresos por Colaboraciones: Las colaboraciones pagadas con marcas pueden generar importantes ingresos para los influencers. Las marcas pueden pagar por publicaciones individuales, campañas completas o incluso acuerdos a largo plazo.

Venta de Productos Propios: La venta de productos propios o mercancía personalizada puede ser altamente lucrativa, ya que los influencers obtienen el beneficio completo de las ventas.

Oportunidades en el Social Commerce:

Contenido de Compra en Redes Sociales: Las redes sociales están introduciendo funciones de compra integradas que permiten a los usuarios comprar productos directamente desde publicaciones o historias. Los influencers pueden utilizar estas funciones para facilitar las compras de sus seguidores.

Transmisiones en Vivo de Compras: Algunas plataformas permiten a los influencers realizar transmisiones en vivo donde pueden mostrar productos y responder preguntas en tiempo real, lo que crea una experiencia de compra interactiva.

Recomendaciones y Reseñas: Los influencers pueden proporcionar recomendaciones y reseñas honestas de productos, lo que influye en las decisiones de compra de sus seguidores y brinda oportunidades de colaboración con marcas.

En resumen, el entrelazamiento entre las redes sociales y el comercio electrónico ofrece una vía importante para que los influencers generen ingresos y colaboren con marcas. La importancia monetaria varía según el nivel de influencia y las estrategias utilizadas, pero en todos los casos, la autenticidad y la construcción de relaciones de confianza con la audiencia son cruciales para el éxito a largo plazo en el social commerce.

Agencias de publicidad

Las agencias de publicidad juegan un papel fundamental en la industria de las redes sociales al ayudar a las marcas a crear y ejecutar estrategias efectivas para promocionar sus productos o servicios. Aquí se explora en detalle cómo las agencias de publicidad trabajan en el entorno de las redes sociales y cómo se mezclan con actividades fuera de las plataformas:

Manejo de Influencers:

Selección de Influencers: Las agencias de publicidad ayudan a las marcas a identificar y seleccionar influencers que se ajusten a su público objetivo y objetivos de marketing.

Negociación: Negocian acuerdos con influencers, que pueden incluir tarifas de pago, productos de muestra o una combinación de ambos.

Creación de Contenido: Colaboran con influencers para crear contenido promocional que se ajuste a la marca y que sea auténtico para la audiencia del influencer.

Seguimiento y Medición: Realizan un seguimiento del rendimiento de las campañas de influencers utilizando métricas como el alcance, la participación y las conversiones.

Tipos de Campañas:

Campañas de Conciencia de Marca:

Las campañas de conciencia de marca son estrategias de marketing diseñadas para aumentar el conocimiento y la percepción de una marca entre su audiencia objetivo. El objetivo principal de estas campañas no es la venta directa de productos o servicios, sino más bien crear una impresión positiva y duradera de la marca en la mente de los consumidores. Aquí te explico en detalle cómo funcionan estas campañas:

Objetivos de las Campañas de Conciencia de Marca:

Aumentar el Reconocimiento: La campaña busca que la marca sea reconocida de manera instantánea cuando los consumidores la ven o escuchan.

Generar Asociaciones Positivas: Las campañas de conciencia buscan asociar la marca con valores, emociones o cualidades positivas que resuenen con la audiencia. Por ejemplo, una marca puede querer ser percibida como innovadora, amigable con el medio ambiente o comprometida con la comunidad.

Generar Confianza: Al aumentar la visibilidad y transmitir una imagen positiva, las campañas de conciencia buscan generar confianza en la marca, lo que puede influir en la decisión de compra de los consumidores.

Estrategias Comunes en Campañas de Conciencia de Marca:

Publicidad de Alto Impacto Visual: Las campañas a menudo utilizan anuncios visuales creativos y llamativos, como comerciales de televisión, anuncios gráficos y publicidad exterior, para captar la atención del público.

Narrativa Emocional: Se centran en contar historias emocionales que conecten con la audiencia a nivel personal. Estas historias pueden transmitir valores, desafíos superados o logros inspiradores.

Uso de Celebridades o Influencers: La presencia de celebridades o influencers conocidos puede aumentar la atención y la credibilidad de la campaña.

Patrocinio de Eventos y Actividades: Las marcas pueden asociarse con eventos, festivales, obras benéficas u otras actividades que reflejen sus valores y misiones.

Participación en Redes Sociales: Las redes sociales se utilizan para difundir el mensaje de la campaña y fomentar la participación del público, a menudo mediante el uso de hashtags y desafíos virales.

Métricas de Éxito en Campañas de Conciencia de Marca:

Alcance: La cantidad de personas que ven la campaña es un indicador clave de su éxito en términos de aumentar la visibilidad de la marca.

Reconocimiento de Marca: Las encuestas y las mediciones de reconocimiento pueden ayudar a determinar si la campaña ha tenido éxito en hacer que la marca sea más reconocida por el público.

Sentimiento de Marca: Las investigaciones de mercado pueden evaluar cómo la campaña ha influido en la percepción de la marca, si ha generado asociaciones positivas y si ha mejorado la imagen de la marca.

Participación en Redes Sociales: El número de menciones, likes, comparticiones y comentarios en las redes sociales puede indicar el nivel de participación y el impacto de la campaña.

Medios Ganados: El seguimiento de la cobertura mediática y las menciones en medios de comunicación puede proporcionar información sobre la difusión de la campaña y su impacto en la conversación pública.

Las campañas de conciencia de marca son fundamentales para establecer una base sólida en el mercado y construir una relación emocional con la audiencia. Aunque no están directamente relacionadas con las ventas inmediatas, pueden sentar las bases para el éxito a largo plazo al crear una marca que sea relevante, confiable y apreciada por los consumidores.

Campañas de Adquisición de Clientes:

Las campañas de adquisición de clientes son estrategias de marketing diseñadas para atraer a nuevos clientes y convencerlos de que compren productos o servicios de una marca específica. Estas campañas se centran en generar interés en un producto o servicio, persuadir a los consumidores a tomar medidas específicas (como realizar una compra o registrarse en una lista de correo) y, en última instancia, convertir a los prospectos en clientes leales. Aquí te explico cómo funcionan estas campañas en detalle:

Objetivos de las Campañas de Adquisición de Clientes:

Aumentar la Base de Clientes: El objetivo principal es atraer a nuevos clientes que aún no han tenido interacción con la marca.

Generar Conversiones: Se busca que los usuarios realicen una acción específica, como completar un formulario, suscribirse a un boletín informativo o realizar una compra.

Mejorar el Retorno de la Inversión (ROI): Al atraer nuevos clientes, las campañas de adquisición buscan aumentar los ingresos y, en última instancia, obtener un ROI positivo.

Estrategias Comunes en Campañas de Adquisición de Clientes:

Anuncios Pagados: Se utilizan anuncios en línea en plataformas como Google Ads, Facebook Ads, Instagram Ads y otros para llegar a una audiencia específica y dirigirla a páginas de destino relevantes.

Optimización de Motores de Búsqueda (SEO): Se optimizan los contenidos y la estructura del sitio web para mejorar su visibilidad en los motores de búsqueda y atraer tráfico orgánico.

Marketing de Contenido: Se crea y promociona contenido de alta calidad, como blogs, videos, infografías y ebooks, para atraer a usuarios interesados en temas relacionados con la marca.

Email Marketing: Se envían correos electrónicos personalizados y campañas de correo electrónico automatizadas para atraer a usuarios y guiarlos a través del proceso de compra.

Marketing de Afiliados: Se colabora con afiliados y socios que promocionan los productos o servicios a cambio de comisiones por ventas generadas.

Métricas de Éxito en Campañas de Adquisición de Clientes:

Tasa de Conversión: Mide la proporción de visitantes del sitio web que realizan una acción deseada, como una compra o una suscripción.

Costo por Adquisición (CPA): Calcula el costo promedio de adquirir un nuevo cliente a través de la campaña.

Valor de Vida del Cliente (CLV): Evalúa el valor potencial que un cliente aporta a lo largo de su relación con la marca, lo que ayuda a determinar cuánto invertir en la adquisición.

Tasa de Retorno de Clientes (CR): Mide cuántos de los nuevos clientes adquiridos a través de la campaña vuelven para futuras compras.

ROI: Calcula el rendimiento de la inversión al comparar los ingresos generados por la campaña con los costos asociados.

Las campañas de adquisición de clientes son fundamentales para el crecimiento de una marca, ya que ayudan a expandir su base de clientes y generar ingresos adicionales. Al utilizar estrategias específicas y medir meticulosamente el rendimiento, las marcas pueden mejorar su capacidad para atraer y retener clientes de manera efectiva.

Campañas de Compromiso:

Las campañas de compromiso son estrategias de marketing que se centran en fomentar la interacción y la participación de la audiencia con una marca o empresa en las redes sociales y otros canales digitales. El objetivo principal de estas campañas es crear una conexión más profunda entre la marca y su audiencia, lo que puede llevar a una mayor fidelización de los clientes y un aumento en la lealtad hacia la marca. Aquí te explico en detalle cómo funcionan las campañas de compromiso:

Objetivos de las Campañas de Compromiso:

Fomentar la Interacción: Se busca que la audiencia participe activamente con la marca a través de acciones como likes, comentarios, comparticiones, respuestas a encuestas y participación en concursos.

Crear Conexiones Emocionales: Las campañas de compromiso buscan generar emociones positivas hacia la marca y establecer una conexión más profunda con la audiencia.

Aumentar la Retención de Clientes: El compromiso continuo puede llevar a una mayor retención de clientes y una disminución de la tasa de abandono.

Estrategias Comunes en Campañas de Compromiso:

Contenido Interactivo: Se crea contenido que invita a la audiencia a participar activamente, como encuestas, cuestionarios, preguntas abiertas, desafíos y juegos.

Concursos y Sorteos: Se organizan concursos y sorteos en las redes sociales, lo que anima a la audiencia a participar y compartir contenido para tener la oportunidad de ganar premios.

Contenido Generado por el Usuario (UGC): Se alienta a los seguidores a crear y compartir contenido relacionado con la marca, como fotos, videos o testimonios de clientes.

Transmisiones en Vivo: Las transmisiones en vivo permiten una interacción en tiempo real con la audiencia, donde los espectadores pueden hacer preguntas y comentar en tiempo real.

Historias Efímeras: Las historias en plataformas como Instagram y Facebook ofrecen una forma rápida de compartir contenido interactivo y efímero que fomente la participación.

Comunicación Personalizada: Se responde de manera personalizada a los comentarios y mensajes de los seguidores, lo que crea un diálogo genuino y demuestra atención al cliente.

Métricas de Éxito en Campañas de Compromiso:

Interacción (Likes, Comentarios, Comparticiones): La cantidad y la calidad de la interacción con el contenido de la campaña son métricas clave para medir el compromiso.

Alcance y Participación: Se analiza cuántas personas fueron alcanzadas por la campaña y cuántas participaron activamente.

Crecimiento de Seguidores: El aumento en el número de seguidores puede ser un indicador de una campaña exitosa.

Tasa de Retención de Clientes: Se observa si los clientes que participaron en la campaña siguen siendo leales a la marca a largo plazo.

Comentarios y Feedback: La retroalimentación y los comentarios de la audiencia pueden proporcionar información valiosa sobre su experiencia y satisfacción.

Las campañas de compromiso son esenciales para construir relaciones sólidas con la audiencia en el entorno digital. Al fomentar la participación activa y crear conexiones emocionales, las marcas pueden fortalecer su presencia en línea y aumentar la fidelización de los clientes.

Campañas de Generación de Leads: Se centran en recopilar información de contacto de clientes potenciales para futuras estrategias de marketing.

Campañas de Conversión:

Las campañas de conversión son estrategias de marketing diseñadas para llevar a los usuarios a realizar una acción específica que tenga un valor directo para el negocio, como la compra de un producto, la suscripción a un boletín informativo o la descarga de una aplicación. Estas campañas se centran en guiar a los usuarios a través del embudo de conversión, desde el conocimiento inicial de un producto o servicio hasta la acción deseada. Aquí te explico en detalle cómo funcionan las campañas de conversión:

Objetivos de las Campañas de Conversión:

Generar Acciones Deseadas: El objetivo principal es motivar a los usuarios a completar una acción específica que beneficie a la empresa, como una compra o una suscripción.

Optimizar el ROI: Las campañas de conversión buscan maximizar el retorno de la inversión al dirigirse a usuarios que tienen más probabilidades de convertir.

Aumentar los Ingresos: Al impulsar la acción deseada, las campañas pueden aumentar directamente los ingresos y las ventas.

Estrategias Comunes en Campañas de Conversión:

Publicidad Dirigida: Se utilizan anuncios altamente dirigidos en plataformas como Google Ads y Facebook Ads para llegar a usuarios con un alto potencial de conversión.

Optimización de Páginas de Destino: Se crean páginas de destino específicas y altamente optimizadas para la acción deseada, con un diseño y contenido que incentivan a la conversión.

Pruebas A/B: Se realizan pruebas A/B para probar diferentes elementos de una página de destino, como títulos, imágenes o llamadas a la acción, y determinar qué versión genera más conversiones.

Ofertas y Descuentos: Se ofrecen incentivos, como descuentos o promociones especiales, para motivar a los usuarios a realizar la acción deseada.

Remarketing: Se dirigen anuncios a usuarios que han interactuado previamente con el sitio web o productos de la marca, recordándoles la acción que deben tomar.

Métricas de Éxito en Campañas de Conversión:

Tasa de Conversión: Mide la proporción de usuarios que completan la acción deseada en relación con el total de visitantes.

Costo por Conversión (CPC): Calcula el costo promedio de adquirir una conversión a través de la campaña.

Valor de Conversión: Evalúa el valor monetario de cada conversión para el negocio, como el valor promedio de una compra o suscripción.

Tiempo de Conversión: Mide cuánto tiempo pasa desde la interacción inicial con la marca hasta la conversión, lo que puede ayudar a comprender los procesos de toma de decisiones de los usuarios.

Tasa de Abandono del Embudo: Analiza en qué etapas del embudo de conversión los usuarios abandonan el proceso, lo que puede ayudar a identificar áreas de mejora.

Las campañas de conversión son esenciales para impulsar las acciones que son fundamentales para el crecimiento del negocio. Al dirigirse específicamente a usuarios con un alto potencial de conversión y optimizar la experiencia del usuario, estas campañas pueden generar resultados medibles y positivos para las empresas en línea.

Grados de Remuneración para influencers:

Las agencias de publicidad y las marcas utilizan diversas formas de remuneración para compensar a los influencers por su colaboración en campañas de marketing en redes sociales. Estas formas de remuneración pueden variar según la naturaleza de la colaboración, la audiencia del influencer y otros factores. Aquí te explico las formas más comunes de compensación para influencers:

Pago por Publicación (Flat Fee): En esta modalidad, los influencers reciben un pago fijo por crear y publicar contenido en sus perfiles de redes sociales. El monto del pago puede variar ampliamente según la influencia y el alcance del influencer, así como la complejidad de la campaña. Los influencers a menudo negocian tarifas basadas en su número de seguidores y nivel de compromiso.

Pago por Clic (CPC): En algunas campañas, los influencers pueden recibir una tarifa por cada clic generado a través de sus enlaces de seguimiento. Esto se utiliza comúnmente en campañas de marketing de afiliados, donde los influencers promocionan productos o servicios y reciben un porcentaje de las ventas generadas.

Pago por Comisión (CPA): Similar al CPC, algunos influencers reciben una comisión por cada acción específica que realice un seguidor como resultado de su promoción, como una compra, una suscripción o una descarga de una aplicación.

Productos o Servicios Gratuitos: En lugar de pagos en efectivo, los influencers pueden recibir productos o servicios de forma gratuita a cambio de promoción en sus redes sociales. Esto es común en las industrias de belleza, moda y tecnología, donde los influencers reciben productos para probar y revisar.

Programas de Afiliados: Algunos influencers se unen a programas de afiliados y ganan comisiones por cada venta que generen a través de enlaces de afiliados o códigos de descuento personalizados.

Presupuesto por Campaña: En campañas más amplias, las marcas y las agencias pueden asignar un presupuesto total para la colaboración con un influencer. El influencer negocia su tarifa dentro de ese presupuesto en función de las actividades que realizará.

Pago por Contenido Específico: A veces, los influencers pueden recibir pagos adicionales por contenido específico, como videos o fotos de alta calidad, historias de Instagram o transmisiones en vivo.

Royalties: En casos excepcionales, algunos influencers pueden recibir una participación continua de las ventas o ingresos generados por el producto o servicio promocionado, similar a las regalías en la música o la escritura.

Bonificaciones y Bonos: Las marcas pueden ofrecer bonificaciones o bonos a los influencers si logran ciertos objetivos, como alcanzar un número específico de seguidores o generar un aumento significativo en las ventas.

Viajes y Experiencias: En ocasiones, los influencers son compensados con viajes pagados o experiencias únicas, como invitaciones a eventos exclusivos, para que compartan su experiencia en sus redes sociales.

La forma de remuneración depende en gran medida de la estrategia de marketing y los objetivos de la marca. Es importante que los influencers y las marcas acuerden los términos de la colaboración de manera clara y transparente, incluyendo los detalles de la compensación, los plazos y las expectativas mutuas. Además, la medición del rendimiento de la campaña puede incluir métricas como el alcance, la participación, las conversiones y los ingresos generados para evaluar el valor de la colaboración.

Tipo de Publicidad Vendida:

Publicidad Nativa: Los anuncios se integran de manera natural en el contenido de las redes sociales y se adaptan al formato y estilo de la plataforma.

Publicidad de Display: Anuncios gráficos que aparecen en el feed de noticias o en el lateral de la pantalla.

Publicidad de Video: Contenido de video promocional que se reproduce automáticamente o que los usuarios pueden optar por ver.

Publicidad de Contenido Patrocinado: Artículos o contenido editorial pagado que aparece en las redes sociales.

Publicidad de Influencers: Colaboraciones con influencers que promocionan productos o servicios de la marca.

Mezcla con Actividades Fuera de las Redes Sociales:

La mezcla entre influencers y agencias de publicidad fuera de las redes sociales es una parte esencial de muchas estrategias de marketing. Aunque gran parte de la interacción ocurre en las plataformas de redes sociales, hay varias formas en que estas colaboraciones se extienden más allá de las redes:

Negociación y Planificación Estratégica: Antes de que comience una colaboración, las agencias de publicidad y los influencers a menudo se reúnen fuera de las redes sociales para discutir los detalles de la campaña. Esto incluye la negociación de tarifas, la definición de objetivos y la planificación estratégica. Estas reuniones pueden ser cara a cara, por videoconferencia o por correo electrónico.

Creación de Contenido y Producción: La creación de contenido a menudo implica actividades fuera de las redes sociales. Por ejemplo, los influencers pueden trabajar con equipos de producción para grabar videos de alta calidad, tomar fotografías profesionales o crear contenido editorial. Estas actividades pueden llevarse a cabo en estudios de fotografía, locaciones específicas o incluso en el hogar del influencer.

Eventos y Lanzamientos: Los influencers a veces son invitados a eventos de lanzamiento de productos, conferencias de prensa u otras actividades relacionadas con la marca fuera de las redes sociales. Estos eventos ofrecen la oportunidad de conocer a las personas detrás de la marca y experimentar los productos de primera mano.

Relaciones Públicas: Las agencias de publicidad y los influencers pueden colaborar en estrategias de relaciones públicas fuera de las redes sociales. Esto puede incluir entrevistas en medios tradicionales, apariciones en programas de televisión o en podcasts, y la participación en conferencias y eventos de la industria.

Producción de Contenido a Largo Plazo: Algunas colaboraciones entre influencers y agencias de publicidad no se limitan a una sola campaña. En lugar de eso, los influencers pueden convertirse en embajadores de marca a largo plazo. Esto implica la creación continua de contenido, participación en eventos y el desarrollo de una relación sólida con la marca más allá de las redes sociales.

Monitoreo y Análisis de Resultados: Después de que se implementa una campaña en las redes sociales, las agencias y los influencers a menudo se reúnen para revisar los resultados y analizar el impacto de la campaña. Esta revisión puede incluir métricas clave como el alcance, la participación, las conversiones y el ROI.

Planificación de Futuras Colaboraciones: Basándose en los resultados de campañas anteriores, las agencias y los influencers pueden planificar futuras colaboraciones. Esto puede implicar la expansión de la relación o la exploración de nuevos tipos de contenido y estrategias.

Publicidad en Medios Tradicionales: En algunos casos, las agencias pueden coordinar campañas de publicidad en medios tradicionales, como televisión, radio y prensa escrita, para complementar las estrategias en línea.

En resumen, la colaboración entre influencers y agencias de publicidad no se limita únicamente a las redes sociales. Implica una serie de actividades fuera de línea que son esenciales para planificar, ejecutar y evaluar el impacto de las estrategias de marketing. La combinación de esfuerzos en línea y fuera de línea permite a las marcas y a los influencers crear campañas efectivas y auténticas que lleguen a su audiencia de manera significativa. Las agencias de publicidad desempeñan un papel crucial en el mundo de las redes sociales al ayudar a las marcas a aprovechar al máximo estas plataformas para alcanzar sus objetivos de marketing. Su enfoque abarca desde el manejo de influencers hasta la planificación y ejecución de diversas estrategias de campaña, y su capacidad para combinar actividades dentro y fuera de las redes sociales es esencial para lograr el éxito en el mercado actual.

Capítulo especial

Uso de Redes Sociales para Campañas Políticas

En la era digital, las redes sociales desempeñan un papel fundamental en las campañas políticas. Sin embargo, es importante destacar que el uso de tácticas como perfiles falsos y trampas en las redes sociales puede ser perjudicial para la integridad de la democracia y la confianza pública en el proceso político. A continuación, exploraremos cómo se ha utilizado LinkedIn en campañas políticas y las implicaciones de las trampas y perfiles falsos:

LinkedIn en Campañas Políticas:

LinkedIn es conocida principalmente como una plataforma profesional utilizada para establecer conexiones laborales y promover el crecimiento profesional. Sin embargo, también se ha utilizado en campañas políticas de diversas maneras:

Conexiones con Donantes y Activistas: Los políticos y sus equipos pueden utilizar LinkedIn para conectarse con posibles donantes y activistas. Esto puede incluir la identificación de individuos interesados en temas específicos o en la política en general.

Publicación de Contenido Político: Los candidatos pueden utilizar sus perfiles de LinkedIn para compartir contenido relacionado con sus plataformas políticas, logros y eventos de campaña.

Participación en Grupos Profesionales: Al unirse a grupos relacionados con temas políticos o profesionales afines, los candidatos pueden interactuar con una audiencia interesada en esos temas y establecerse como líderes de opinión.

Trampas y Perfiles Falsos: El uso de perfiles falsos y tácticas engañosas en LinkedIn puede tener serias implicaciones para las campañas políticas:

Suplantación de Identidad: Algunas personas pueden crear perfiles falsos que afirman representar a un político o candidato. Esto puede llevar a la suplantación de identidad y la difusión de información falsa.

Propagación de Desinformación: Los perfiles falsos pueden compartir información engañosa o desinformación para influir en la opinión pública y dañar la reputación de un candidato o partido.

Ataques Personales: Los perfiles falsos a veces se utilizan para lanzar ataques personales y difamar a los oponentes políticos.

Detección de Perfiles Falsos: Detectar perfiles falsos en LinkedIn puede ser un desafío, ya que algunos pueden ser bastante sofisticados. Sin embargo, aquí hay algunas señales que pueden ayudar a identificarlos:

Fotos de Perfil Genéricas: Algunos perfiles falsos utilizan fotos de perfil genéricas o imágenes de archivo que se pueden encontrar en otros lugares en línea.

Información Inconsistente: Si la información en el perfil parece inconsistente o poco profesional, como un historial laboral incoherente o habilidades poco relacionadas, es motivo de sospecha.

Conexiones Limitadas: Los perfiles falsos a menudo tienen un número limitado de conexiones y actividad mínima en la plataforma.

Alcance de las Trampas en Campañas Políticas: El alcance de las trampas y perfiles falsos en las campañas políticas puede ser significativo. Pueden afectar la percepción pública, influir en la opinión de los votantes y socavar la confianza en el proceso democrático. Es fundamental que los candidatos y sus equipos estén atentos a estas tácticas y tomen medidas para abordarlas de manera efectiva, como informar a las plataformas de redes sociales y educar al público sobre cómo detectar la desinformación.

La integridad de las elecciones y el debate político es crucial para una sociedad democrática saludable.

Uso de Instagram en Campañas Políticas

Instagram es una plataforma de redes sociales que se ha convertido en una parte importante de las campañas políticas. Sin embargo, al igual que en otras redes sociales, es importante abordar el uso de tácticas cuestionables, como perfiles falsos y trampas, y comprender su impacto en el proceso político. A continuación, analizaremos cómo se ha utilizado Instagram en campañas políticas y las implicaciones de las trampas y perfiles falsos:

Campañas Visuales: Instagram es una plataforma visual, por lo que los políticos pueden utilizarla para compartir imágenes y videos relacionados con sus campañas. Esto incluye fotos de eventos de campaña, mensajes clave y contenido relacionado con políticas.

Interacción con Electores: Los candidatos pueden utilizar Instagram para interactuar con los votantes de manera más personal. Pueden responder a preguntas, compartir historias personales y humanizar su imagen pública.

Publicidad Dirigida: Instagram ofrece opciones de publicidad altamente dirigida que permiten a los candidatos llegar a grupos demográficos específicos. Esto les permite orientar sus mensajes a audiencias clave.

Trampas y Perfiles Falsos: El uso de perfiles falsos y tácticas engañosas en Instagram puede tener un impacto negativo en las campañas políticas:

Desinformación: Los perfiles falsos pueden difundir información errónea o engañosa para influir en la opinión pública y socavar la credibilidad de los candidatos.

Ataques Personales: Algunos perfiles falsos pueden utilizar la plataforma para lanzar ataques personales contra candidatos o políticos.

Manipulación de la Opinión Pública: El uso de perfiles falsos puede manipular la percepción pública, haciendo que ciertos temas o candidatos parezcan más populares o impopulares de lo que realmente son.

Detección de Perfiles Falsos: Identificar perfiles falsos en Instagram puede ser complicado, ya que algunos pueden ser muy convincentes. Sin embargo, aquí hay algunas señales que pueden ayudar a identificarlos:

Fotos de Perfil Genéricas: Si una foto de perfil parece demasiado genérica o se puede encontrar en otros lugares en línea, podría ser una señal de un perfil falso.

Seguidores y Actividad Baja: Los perfiles falsos suelen tener un número limitado de seguidores y actividad mínima en la plataforma.

Información Incoherente: Si la información en el perfil parece inconsistente o poco profesional, como una biografía confusa o una historia poco creíble, es motivo de sospecha.

Impacto de las Trampas en Campañas Políticas: Las trampas y los perfiles falsos en Instagram pueden tener un impacto significativo en las campañas políticas. Pueden influir en la percepción pública, manipular la opinión de los votantes y socavar la confianza en el proceso democrático. Los candidatos y sus equipos deben estar atentos a estas tácticas y tomar medidas para abordarlas, como informar a la plataforma y educar al público sobre cómo detectar la desinformación. La integridad de las elecciones y el debate político es crucial para una sociedad democrática saludable.

Uso de Facebook en Campañas Políticas

Facebook es una plataforma de redes sociales ampliamente utilizada en campañas políticas debido a su alcance masivo y opciones de segmentación. Sin embargo, como en otras redes sociales, es importante considerar cómo se pueden utilizar tácticas cuestionables, como perfiles falsos y trampas, y comprender sus implicaciones en el proceso político. A continuación, exploraremos cómo se ha utilizado Facebook en campañas políticas y las implicaciones de las trampas y perfiles falsos:

Facebook ofrece una serie de herramientas que los candidatos y partidos políticos pueden aprovechar en sus campañas:

Publicidad Dirigida: Facebook permite a los anunciantes llegar a audiencias altamente segmentadas según la ubicación, intereses, datos demográficos y comportamientos en línea. Los candidatos pueden utilizar esta función para orientar sus mensajes a grupos específicos de votantes.

Creación de Comunidades: Los políticos pueden utilizar Facebook para crear grupos y páginas de seguidores que reúnan a personas con intereses afines. Esto permite una comunicación más directa y personalizada con los votantes.

Transmisiones en Vivo: Los candidatos pueden utilizar transmisiones en vivo para conectarse en tiempo real con sus seguidores, responder preguntas y discutir temas importantes.

Trampas y Perfiles Falsos: El uso de perfiles falsos y trampas en Facebook puede tener un impacto negativo en las campañas políticas:

Desinformación: Los perfiles falsos pueden compartir información errónea o engañosa para influir en la opinión pública y socavar la credibilidad de los candidatos.

Ataques Personales: Algunos perfiles falsos pueden utilizar la plataforma para lanzar ataques personales contra candidatos o políticos.

Manipulación de la Opinión Pública: El uso de perfiles falsos puede manipular la percepción pública, haciendo que ciertos temas o candidatos parezcan más populares o impopulares de lo que realmente son.

Detección de Perfiles Falsos: Identificar perfiles falsos en Facebook puede ser desafiante, ya que algunos pueden parecer auténticos. Sin embargo, aquí hay algunas señales que pueden ayudar a identificarlos:

Fotos de Perfil Genéricas: Si una foto de perfil parece demasiado genérica o se puede encontrar en otros lugares en línea, podría ser una señal de un perfil falso.

Seguidores y Actividad Baja: Los perfiles falsos a menudo tienen un número limitado de amigos o seguidores y actividad mínima en la plataforma.

Información Incoherente: Si la información en el perfil parece inconsistente o poco profesional, como una biografía confusa o una historia poco creíble, es motivo de sospecha.

Impacto de las Trampas en Campañas Políticas: Las trampas y los perfiles falsos en Facebook pueden tener un impacto significativo en las campañas políticas. Pueden influir en la percepción pública, manipular la opinión de los votantes y socavar la confianza en el proceso democrático. Los candidatos y sus equipos deben estar atentos a estas tácticas y tomar medidas para abordarlas, como informar a la plataforma y educar al público sobre cómo detectar la desinformación. La integridad de las elecciones y el debate político es crucial para una sociedad democrática saludable.

Uso de Twitter en Campañas Políticas

Twitter es una plataforma de redes sociales que desempeña un papel importante en las campañas políticas debido a su capacidad para difundir información rápidamente y llegar a una audiencia amplia. Sin embargo, al igual que en otras redes sociales, es importante abordar el uso de tácticas cuestionables, como perfiles falsos y trampas, y comprender sus implicaciones en el proceso político. A continuación, exploraremos cómo se ha utilizado Twitter en campañas políticas y las implicaciones de las trampas y perfiles falsos:

Twitter se utiliza en campañas políticas de diversas maneras:

Comunicación Directa: Los candidatos pueden utilizar Twitter para comunicarse directamente con sus seguidores y la prensa, compartiendo mensajes clave, declaraciones y actualizaciones de campaña.

Debate en Tiempo Real: Twitter es una plataforma ideal para el debate político en tiempo real. Los políticos pueden participar en discusiones sobre temas candentes y responder a las declaraciones de sus oponentes.

Promoción de Contenido: Los candidatos comparten enlaces a sus sitios web, discursos, videos y otros contenidos relacionados con la campaña. Esto les permite llegar a una audiencia global.

Trampas y Perfiles Falsos: El uso de perfiles falsos y tácticas engañosas en Twitter puede tener un impacto negativo en las campañas políticas:

Desinformación: Los perfiles falsos pueden difundir información errónea o engañosa para influir en la opinión pública y socavar la credibilidad de los candidatos.

Ataques Personales: Algunos perfiles falsos pueden utilizar la plataforma para lanzar ataques personales contra candidatos o políticos.

Manipulación de la Opinión Pública: El uso de perfiles falsos puede manipular la percepción pública, haciendo que ciertos temas o candidatos parezcan más populares o impopulares de lo que realmente son.

Detección de Perfiles Falsos: Identificar perfiles falsos en Twitter puede ser desafiante, ya que algunos pueden parecer auténticos. Sin embargo, aquí hay algunas señales que pueden ayudar a identificarlos:

Fotos de Perfil Genéricas: Si una foto de perfil parece demasiado genérica o se puede encontrar en otros lugares en línea, podría ser una señal de un perfil falso.

Seguidores y Actividad Baja: Los perfiles falsos a menudo tienen un número limitado de seguidores y actividad mínima en la plataforma.

Información Incoherente: Si la información en el perfil parece inconsistente o poco profesional, como una biografía confusa o una historia poco creíble, es motivo de sospecha.

Impacto de las Trampas en Campañas Políticas: Las trampas y los perfiles falsos en Twitter pueden tener un impacto significativo en las campañas políticas. Pueden influir en la percepción pública, manipular la opinión de los votantes y socavar la confianza en el proceso democrático. Los candidatos y sus equipos deben estar atentos a estas tácticas y tomar medidas para abordarlas, como informar a la plataforma y educar al público sobre cómo detectar la desinformación. La integridad de las elecciones y el debate político es crucial para una sociedad democrática saludable.

Uso de YouTube en Campañas Políticas

YouTube es una plataforma de video ampliamente utilizada en campañas políticas debido a su capacidad para llegar a una audiencia global y transmitir mensajes de manera efectiva. A pesar de ser principalmente una plataforma de video, también puede ser susceptible al uso de tácticas cuestionables, como perfiles falsos y trampas. A continuación, exploraremos cómo se ha utilizado YouTube en campañas políticas y las implicaciones de las trampas y perfiles falsos:

YouTube se utiliza en campañas políticas de las siguientes maneras:

Publicación de Contenido de Campaña: Los candidatos y partidos políticos crean canales de YouTube para compartir contenido relacionado con la campaña, como discursos, entrevistas, anuncios de campaña y debates.

Alcance a una Audiencia Amplia: YouTube permite llegar a una audiencia global y a personas de todas las edades. Los videos de campaña pueden ser compartidos y comentados, lo que amplía su alcance.

Anuncios de Video: Los candidatos pueden utilizar anuncios de video en YouTube para promocionar sus mensajes y llegar a audiencias específicas utilizando opciones de segmentación.

Trampas y Perfiles Falsos: El uso de perfiles falsos y trampas en YouTube puede tener un impacto negativo en las campañas políticas:

Comentarios Manipulados: Los perfiles falsos pueden inundar los comentarios de los videos de campaña con mensajes manipulativos o difamatorios para influir en la percepción pública.

Likes y Dislikes Falsos: Algunos usuarios pueden utilizar perfiles falsos para aumentar artificialmente la cantidad de likes o dislikes en los videos, lo que puede distorsionar la percepción de la popularidad de un video.

Difusión de Desinformación: Los perfiles falsos pueden compartir enlaces a videos o sitios web que difunden información errónea o engañosa sobre un candidato o partido político.

Detección de Perfiles Falsos: Identificar perfiles falsos en YouTube puede ser complicado, ya que algunos pueden parecer auténticos. Sin embargo, aquí hay algunas señales que pueden ayudar a identificarlos:

Comentarios Repetitivos o Genéricos: Los perfiles falsos a menudo dejan comentarios que parecen genéricos o copiados y pegados en varios videos.

Actividad Limitada: Si un perfil tiene poca actividad en la plataforma, como pocos videos o suscripciones, podría ser una señal de sospecha.

Información Incoherente: Si la información en el perfil, como la descripción y la foto de perfil, parece inconsistente o poco creíble, es motivo de sospecha.

Impacto de las Trampas en Campañas Políticas: Las trampas y los perfiles falsos en YouTube pueden tener un impacto significativo en las campañas políticas. Pueden influir en la percepción pública, manipular la opinión de los votantes y socavar la confianza en el proceso democrático. Los candidatos y sus equipos deben estar atentos a estas tácticas y tomar medidas para abordarlas, como moderar los comentarios y denunciar perfiles falsos a YouTube. La integridad de las elecciones y el debate político es crucial para una sociedad democrática saludable.

Uso de WhatsApp en Campañas Políticas

WhatsApp es una plataforma de mensajería instantánea que se ha utilizado en campañas políticas para la comunicación directa con votantes y seguidores. A pesar de ser una plataforma privada, WhatsApp también puede ser susceptible al uso de tácticas cuestionables, como la difusión de información errónea y la manipulación. A continuación, exploraremos cómo se ha utilizado WhatsApp en campañas políticas y las implicaciones de estas prácticas:

WhatsApp se utiliza en campañas políticas de las siguientes maneras:

Comunicación Directa: Los candidatos y equipos de campaña utilizan WhatsApp para comunicarse directamente con votantes y seguidores a través de mensajes de texto, imágenes y videos.

Grupos de Apoyo: Se crean grupos de WhatsApp para movilizar a los seguidores, compartir noticias de campaña, programar eventos y coordinar actividades de voluntariado.

Difusión de Contenido: Se comparten contenidos relacionados con la campaña, como propuestas de políticas, discursos, mensajes de campaña y noticias relevantes.

Trampas y Desinformación: Aunque WhatsApp es una plataforma privada y encriptada, puede ser susceptible a la difusión de información errónea y la manipulación:

Cadenas de Mensajes Falsos: En campañas políticas, algunas personas pueden difundir cadenas de mensajes falsos que contienen información engañosa sobre candidatos o partidos políticos.

Suplantación de Identidad: Se pueden utilizar números de teléfono falsos o suplantar la identidad de un candidato para enviar mensajes con fines de manipulación.

Difusión de Rumores: Los rumores y acusaciones infundadas pueden circular en grupos de WhatsApp con el propósito de socavar la credibilidad de un candidato o partido político.

Detección de Desinformación: Detectar la desinformación en WhatsApp puede ser un desafío debido a la naturaleza privada de la plataforma. Sin embargo, aquí hay algunas señales que pueden ayudar a identificarla:

Origen Incierto: Si recibes un mensaje de WhatsApp sin un origen claro o fuente confiable, es importante ser escéptico y verificar la información.

Rumores No Sustentados: Si recibes información que parece ser un rumor sin evidencia sólida, es importante cuestionar su veracidad antes de compartirla.

Verificación Independiente: Intenta verificar cualquier información importante de fuentes independientes y confiables antes de aceptarla como cierta.

Impacto en Campañas Políticas: La difusión de información errónea y la manipulación en WhatsApp pueden influir en la percepción pública, manipular la opinión de los votantes y socavar la confianza en el proceso democrático. Los candidatos y sus equipos deben estar alerta ante la desinformación y promover la educación cívica para que los votantes sean críticos con la información que reciben en la plataforma. La integridad de las elecciones y el debate político es crucial para una sociedad democrática saludable.

Uso de Telegram en Campañas Políticas

Telegram es una plataforma de mensajería instantánea que se ha utilizado en campañas políticas para la comunicación directa con votantes y seguidores. A pesar de ser una plataforma privada, Telegram también puede ser susceptible al uso de tácticas cuestionables, como la difusión de información errónea y la manipulación. A continuación, exploraremos cómo se ha utilizado Telegram en campañas políticas y las implicaciones de estas prácticas:

Telegram se utiliza en campañas políticas de las siguientes maneras:

Comunicación Directa: Los candidatos y equipos de campaña utilizan Telegram para comunicarse directamente con votantes y seguidores a través de mensajes de texto, imágenes y videos.

Grupos de Apoyo: Se crean grupos de Telegram para movilizar a los seguidores, compartir noticias de campaña, programar eventos y coordinar actividades de voluntariado.

Difusión de Contenido: Se comparten contenidos relacionados con la campaña, como propuestas de políticas, discursos, mensajes de campaña y noticias relevantes.

Trampas y Desinformación: Aunque Telegram es una plataforma de mensajería privada, puede ser susceptible a la difusión de información errónea y la manipulación:

Cadenas de Mensajes Falsos: En campañas políticas, algunas personas pueden difundir cadenas de mensajes falsos que contienen información engañosa sobre candidatos o partidos políticos.

Suplantación de Identidad: Se pueden utilizar perfiles falsos o suplantar la identidad de un candidato para enviar mensajes con fines de manipulación.

Difusión de Rumores: Los rumores y acusaciones infundadas pueden circular en grupos de Telegram con el propósito de socavar la credibilidad de un candidato o partido político.

Detección de Desinformación: Detectar la desinformación en Telegram puede ser un desafío debido a la naturaleza privada de la plataforma. Sin embargo, aquí hay algunas señales que pueden ayudar a identificarla:

Origen Incierto: Si recibes un mensaje en Telegram sin un origen claro o fuente confiable, es importante ser escéptico y verificar la información.

Rumores No Sustentados: Si recibes información que parece ser un rumor sin evidencia sólida, es importante cuestionar su veracidad antes de compartirla.

Verificación Independiente: Intenta verificar cualquier información importante de fuentes independientes y confiables antes de aceptarla como cierta.

Impacto en Campañas Políticas: La difusión de información errónea y la manipulación en Telegram pueden influir en la percepción pública, manipular la opinión de los votantes y socavar la confianza en el proceso democrático. Los candidatos y sus equipos deben estar alerta ante la desinformación y promover la educación cívica para que los votantes sean críticos con la información que reciben en la plataforma. La integridad de las elecciones y el debate político es crucial para una sociedad democrática saludable.

Uso de TikTok en Campañas Políticas

TikTok es una plataforma de redes sociales que se ha vuelto extremadamente popular entre los jóvenes y se ha utilizado en campañas políticas para llegar a una audiencia más amplia. A pesar de ser principalmente una plataforma de entretenimiento, también puede ser susceptible al uso de tácticas cuestionables y desafíos en campañas políticas. A continuación, exploraremos cómo se ha utilizado TikTok en campañas políticas y las implicaciones de las trampas y desafíos:

TikTok se utiliza en campañas políticas de las siguientes maneras:

Contenido Creativo: Los candidatos y equipos de campaña crean videos cortos y creativos para transmitir mensajes clave de campaña, compartir historias personales y conectarse con una audiencia más joven.

Tendencias y Desafíos: Los políticos pueden aprovechar las tendencias y desafíos populares en TikTok para atraer la atención de la audiencia y participar en discusiones relevantes.

Interacción Directa: TikTok permite a los políticos interactuar directamente con los usuarios a través de comentarios y respuestas a preguntas.

Trampas y Desafíos: El uso de trampas y desafíos en TikTok en campañas políticas puede ser controvertido y perjudicial:

Desafíos Manipulativos: Algunos políticos pueden crear desafíos que promuevan mensajes políticos específicos, pero pueden ser percibidos como manipulativos si no se presentan de manera justa.

Desinformación Encubierta: Algunos usuarios pueden difundir información errónea o desinformación disfrazada de contenido entretenido, lo que puede ser perjudicial para la comprensión de los votantes.

Comentarios Tóxicos: Los comentarios en videos políticos a veces pueden volverse tóxicos y polarizados, lo que dificulta el diálogo constructivo.

Detección de Desinformación: Identificar la desinformación en TikTok puede ser complicado debido a la naturaleza rápida y viral de la plataforma. Algunas señales para detectarla incluyen:

Verificación de Fuentes: Si un video o desafío político no proporciona fuentes confiables o verificables para sus afirmaciones, es importante ser escéptico.

Preguntas Críticas: Preguntarse críticamente sobre la veracidad de la información y verificarla a través de fuentes confiables antes de aceptarla como cierta.

Participación Responsable: Fomentar una cultura de participación responsable y respetuosa en los comentarios y evitar la confrontación tóxica.

Impacto en Campañas Políticas: El uso de TikTok en campañas políticas puede ser efectivo para llegar a una audiencia más joven y comprometida. Sin embargo, las trampas y la desinformación pueden socavar la integridad de la plataforma y distorsionar la percepción pública. Los candidatos y sus equipos deben ser conscientes de estas cuestiones y promover prácticas éticas al usar TikTok para campañas políticas. La integridad de las elecciones y el debate político es crucial para una sociedad democrática saludable.

Uso de Snapchat en Campañas Políticas

Snapchat es una plataforma de redes sociales que se ha utilizado en campañas políticas, especialmente para llegar a un público joven y comprometido. A pesar de su enfoque en la mensajería efímera y el contenido visual, Snapchat también puede ser susceptible al uso de tácticas cuestionables en campañas políticas. A continuación, exploraremos cómo se ha utilizado Snapchat en campañas políticas y las implicaciones de las trampas y desinformación:

Snapchat se utiliza en campañas políticas de las siguientes maneras:

Historias de Campaña: Los candidatos y equipos de campaña pueden crear historias efímeras que muestran eventos de campaña, discursos, encuentros con votantes y otros momentos relevantes.

Filtros y Lentes Personalizados: Los políticos pueden utilizar filtros y lentes personalizados en Snapchat para promover mensajes clave y aumentar la conciencia de marca.

Comunicación Directa: Snapchat permite a los políticos comunicarse directamente con los seguidores a través de mensajes de imagen y video.

Trampas y Desinformación: El uso de trampas y desinformación en Snapchat en campañas políticas puede ser problemático:

Contenido Manipulativo: Algunos políticos pueden crear contenido que manipule la percepción pública o presente información de manera engañosa.

Desafíos Políticos: Los desafíos y tendencias en Snapchat pueden utilizarse para promover mensajes políticos específicos, pero si no se presentan de manera justa, pueden ser percibidos como manipulativos.

Desinformación Efímera: Debido a la naturaleza efímera de Snapchat, la desinformación puede circular rápidamente antes de que pueda ser verificada y corregida.

Detección de Desinformación: Detectar la desinformación en Snapchat puede ser complicado debido a la naturaleza efímera del contenido. Algunas pautas para identificarla incluyen:

Verificación Rápida: Si encuentras información cuestionable en una historia o mensaje de Snapchat, intenta verificarla lo antes posible antes de compartirla o reaccionar a ella.

Preguntas Críticas: Pregunta si la información parece legítima y cuestiona su veracidad antes de aceptarla como cierta.

Comparte Información Confiable: Fomenta la difusión de información confiable y verificada entre tus seguidores y amigos en la plataforma.

Impacto en Campañas Políticas: El uso de Snapchat en campañas políticas puede ser efectivo para llegar a un público joven y comprometido. Sin embargo, las trampas y la desinformación pueden socavar la integridad de la plataforma y distorsionar la percepción pública. Los candidatos y sus equipos deben ser conscientes de estas cuestiones y promover prácticas éticas al usar Snapchat para campañas políticas. La integridad de las elecciones y el debate político es crucial para una sociedad democrática saludable.

Uso de Pinterest en Campañas Políticas

Pinterest es una plataforma de redes sociales que se ha utilizado en campañas políticas para compartir contenido visual y conectarse con una audiencia interesada en temas específicos. Aunque Pinterest se centra en la inspiración y el contenido visual, también puede ser susceptible al uso de tácticas cuestionables en campañas políticas. A continuación, exploraremos cómo se ha utilizado Pinterest en campañas políticas y las implicaciones de las trampas y la desinformación:

Pinterest se utiliza en campañas políticas de las siguientes maneras:

Tableros Temáticos: Los candidatos y equipos de campaña crean tableros temáticos que muestran imágenes, infografías y contenido relacionado con las políticas, propuestas y valores del candidato.

Contenido Visual: Se comparten imágenes y gráficos que resumen los mensajes clave de la campaña, propuestas de políticas y otros temas relevantes.

Movilización de Seguidores: Pinterest se utiliza para movilizar a seguidores a través de imágenes que inspiran la acción, como participar en eventos de campaña, donar o votar.

Trampas y Desinformación: El uso de trampas y desinformación en Pinterest en campañas políticas puede afectar la percepción pública y la integridad de la plataforma:

Imágenes Manipuladas: Se pueden crear imágenes manipuladas para presentar información engañosa o para desacreditar a candidatos o partidos políticos.

Tableros Temáticos Engañosos: Algunos políticos pueden crear tableros temáticos que presenten información de manera sesgada o engañosa para favorecer su causa.

Repins y Comentarios Tóxicos: Los comentarios y repins en tableros políticos pueden volverse tóxicos y polarizados, lo que dificulta el diálogo constructivo.

Detección de Desinformación: Detectar la desinformación en Pinterest puede requerir un análisis crítico del contenido visual. Algunas pautas para identificarla incluyen:

Verificación de Hechos: Verifica la información detrás de las imágenes y gráficos antes de aceptarla como cierta.

Búsqueda de Fuentes Confiables: Busca fuentes confiables que respalden la información presentada en las imágenes o infografías.

Denuncia de Contenido Problemático: Si encuentras contenido engañoso o desinformación, denúncialo a Pinterest para su revisión.

Impacto en Campañas Políticas: El uso de Pinterest en campañas políticas puede ser efectivo para presentar contenido visual y llegar a una audiencia interesada en temas específicos. Sin embargo, las trampas y la desinformación pueden socavar la integridad de la plataforma y distorsionar la percepción pública. Los candidatos y sus equipos deben ser conscientes de estas cuestiones y promover prácticas éticas al usar Pinterest para campañas políticas. La integridad de las elecciones y el debate político es crucial para una sociedad democrática saludable.

Uso de Reddit en Campañas Políticas

Reddit es una plataforma de redes sociales única conocida por su enfoque en la discusión y la creación de comunidades temáticas. Aunque Reddit se utiliza principalmente para compartir noticias e ideas, también se ha utilizado en campañas políticas para interactuar con votantes y promover mensajes clave. Sin embargo, al igual que otras plataformas, Reddit también puede ser susceptible al uso de tácticas cuestionables y la difusión de desinformación en el contexto político. A continuación, exploraremos cómo se ha utilizado Reddit en campañas políticas y las implicaciones de las trampas y la desinformación:

Reddit se utiliza en campañas políticas de las siguientes maneras:

Participación en Comunidades: Los candidatos y equipos de campaña pueden unirse a comunidades relevantes (subreddits) para interactuar con votantes y participar en debates sobre temas específicos.

Sesiones de Preguntas y Respuestas: Los políticos pueden organizar sesiones de preguntas y respuestas (AMA) en Reddit para responder a preguntas de los usuarios y compartir sus puntos de vista sobre temas importantes.

Promoción de Contenido: Los candidatos pueden compartir contenido relacionado con la campaña, como noticias, discursos y propuestas de políticas, en comunidades políticamente relevantes.

Trampas y Desinformación: El uso de trampas y la difusión de desinformación en Reddit en campañas políticas pueden ser problemáticos:

Publicación de Contenido Falso: Algunos usuarios pueden publicar contenido falso o engañoso con la intención de influir en la percepción pública o promover una agenda política específica.

Manipulación de Votos: La manipulación de votos (upvotes y downvotes) en los posts y comentarios puede distorsionar la visibilidad de ciertos contenidos y crear una falsa impresión de popularidad.

Comentarios Tóxicos: Los comentarios en los posts políticos a veces pueden volverse tóxicos y polarizados, lo que dificulta el diálogo constructivo.

Detección de Desinformación: Identificar la desinformación en Reddit requiere un análisis crítico del contenido y la participación en la comunidad. Algunas pautas para identificarla incluyen:

Verificación de Fuentes: Verifica las fuentes detrás de la información presentada en los posts y comentarios antes de aceptarla como cierta.

Comprobación de Hechos: Utiliza sitios web de verificación de hechos para corroborar afirmaciones y datos presentados en la plataforma.

Participación Responsable: Fomenta la participación responsable y respetuosa en los debates y evita la confrontación tóxica.

Impacto en Campañas Políticas: Reddit puede ser una plataforma valiosa para interactuar con votantes y difundir mensajes políticos. Sin embargo, las trampas y la desinformación pueden socavar la integridad de la plataforma y distorsionar la percepción pública. Los candidatos y sus equipos deben ser conscientes de estas cuestiones y promover prácticas éticas al utilizar Reddit para campañas políticas. La integridad de las elecciones y el debate político es crucial para una sociedad democrática saludable.

Epílogo

Navegando el Mar de las Redes Sociales

Llegamos al final de nuestro viaje a través del fascinante mundo de las redes sociales. A lo largo de este libro, exploramos una variedad de plataformas, estrategias y consejos para aprovechar al máximo estas poderosas herramientas de comunicación y conexión. Desde la mejora de tu presencia personal en redes sociales hasta convertirte en un influencer exitoso, abordamos temas clave que son relevantes para novatos y profesionales por igual.

En esta era digital, las redes sociales han transformado la forma en que nos comunicamos, compartimos experiencias y construimos relaciones. Desde la búsqueda de empleo en LinkedIn hasta la monetización de tu creatividad en TikTok, estas plataformas ofrecen oportunidades infinitas para expresarte, aprender y crecer.

Sin embargo, con todo este poder viene una gran responsabilidad. La ética y la autenticidad son cruciales en el mundo de las redes sociales. Recuerda que detrás de cada pantalla hay seres humanos reales con emociones, deseos y necesidades. Trata a los demás con respeto y consideración en línea, tal como lo harías fuera de la web.

Además, mantente actualizado con las tendencias en constante evolución. Las redes sociales están en constante cambio, y lo que funciona hoy podría no funcionar mañana. La adaptabilidad y la curiosidad son cualidades valiosas en este entorno digital en constante transformación.

No subestimes el poder de la educación continua. A medida que te aventures en el mundo de las redes sociales, sigue aprendiendo, experimentando y refinando tus habilidades. Nunca dejes de explorar nuevas formas de comunicación y expresión.

Finalmente, recuerda que las redes sociales son solo una herramienta. Son un medio para alcanzar tus objetivos, ya sea aumentar tu presencia en línea, desarrollar tu carrera o promover tu negocio. Mantén tus metas claras y utiliza estas plataformas como un vehículo para lograr tus sueños.

A medida que cierro este libro, quiero recordarte que las redes sociales son un viaje sin fin. Sigue explorando, conectándote y compartiendo, y descubrirás un mundo de posibilidades esperando ser exploradas en el vasto mar de las redes sociales.

Gracias por acompañarme en este viaje. ¡Que tus aventuras en las redes sociales sean emocionantes, inspiradoras y llenas de éxito!

Bruce   **Dalton**

Sobre el autor

Bruce Dalton es un hombre de pensamiento rápido, de ideas claras, de soluciones; Pero también es un empático ser humano que no duda en apoyar a una persona o causa si es justa.

Su paso por las redes sociales ha sido gradual, pero vertiginoso. Con más de 6,500 seguidores en LinkedIn y más de 150,000 en TikTok, con una estrategia que sorprendió al algoritmo y que lamentablemente ha sido víctima de un "shadow banner" impidiendo que el contenido fluya como debió ser. La causa del "castigo": Conseguir más de 100,00 seguidores en solo 8 días, sin ser conocido ni famoso ni viral, sin mostrar a un influencer, ni una cara o perfil personal. Es una cuenta donde se puede vender cualquier producto y esa era la estrategia desde el comienzo. Pero esto te demuestra, querido lector que, en las redes sociales, ¡no hay nada escrito! Que puedes alcanzar la fama de forma efímera, pero para conservarla, deberás aplicar todo lo que el autor te ha mostrado en este libro y así, tendrás muchas más posibilidades de éxito.

Bruce Dalton es autor de novelas y cuentos que podrás encontrar en Amazon, que deberás leer para comprender que su narrativa, humor y especial toque único. Te sorprenderá.

Por favor, si hay algo que desees compartir con el autor, envía un correo a brucedaltone@gmail.com

¡Que tengas un maravilloso viaje en estas redes sociales y que obtengas todo lo que imaginas y más!

Agradecimientos

A mi Padre

A mi luz

A la IA

FIN

FIN

www.ingramcontent.com/pod-product-compliance
Lightning Source LLC
LaVergne TN
LVHW051654050326
832903LV00032B/3811